乡贤文化丛书

乡贤文化丛书

千古奇丐创义学
——行乞办学的武训

卫绍生 廉朴 主编

范红娟 著

中原出版传媒集团
中原传媒股份公司

大象出版社
·郑州·

图书在版编目（CIP）数据

千古奇丐创义学：行乞办学的武训 / 范红娟
著.— 郑州：大象出版社，2018.8
（乡贤文化丛书 / 卫绍生，廉朴主编.第一辑）
ISBN 978-7-5347-9580-0

Ⅰ.①千… Ⅱ.①范… Ⅲ.①武训（1838—1896）—
人物研究 Ⅳ.①K825.46

中国版本图书馆CIP数据核字（2017）第296087号

乡贤文化丛书
卫绍生 廉朴 主编
QIANGU QI GAI CHUANG YIXUE
千古奇丐创义学
——行乞办学的武训
范红娟 著

出 版 人	王刘纯
总 策 划	郑强胜
责任编辑	安德华 吴春霞
责任校对	张迎娟
装帧设计	王莉娟

出版发行 大象出版社（郑州市开元路16号 邮政编码450044）
　　　　　发行科 0371-63863551 总编室 0371-65597936
网　　址 www.daxiang.cn
印　　刷 洛阳和众印刷有限公司
经　　销 各地新华书店经销
开　　本 787mm×1092mm　　1/16
印　　张 8.5
字　　数 102千字
版　　次 2018年8月第1版　2018年8月第1次印刷
定　　价 20.00元
若发现印、装质量问题，影响阅读，请与承印厂联系调换。
印厂地址 洛阳市高新区丰华路三号
邮政编码 471003　　　　　电话 0379-64606268

总序

"乡贤",这一古老的称呼已经淡出人们的视野很久了。

党的十八大以来,乡贤重新进入人们的视野,成为人们热议的话题。中共中央、国务院2015年颁布的《关于加大改革创新力度加快农业现代化建设的若干意见》中明确指出,要"创新乡贤文化,弘扬善行义举,以乡情乡愁为纽带吸引和凝聚各方人士支持家乡建设,传承乡村文明"。在中共中央、国务院的文件里提到乡贤和乡贤文化,这应该是首次,它表明作为中国优秀传统文化重要组成部分的乡贤文化,既是传承乡村文明的重要内容,也是新时期农村文化建设的重要内容。但是,由于乡贤和乡贤文化淡出人们视线已久,在这一概念重新被提出来的时候,许多人并不明白什么是乡贤,什么是乡贤文化,更不知道如何传承和弘扬乡贤文化。鉴于此,有必要对乡贤称谓、乡贤之说的起源、乡贤对中国乡村的作用与意义、乡贤文化包含哪些内容等,作简要回答。

何谓乡贤?按照通常的解释,乡贤是指那些道德品行高尚同时又对乡村建设有过贡献的人。这里包含两个层面的意思:一是道德品行高尚,二是对家乡建设作出过贡献。但如果仅仅是道德品行高尚,满足于个人修身齐家、独善己身、洁身自好,很少关心乡里乡亲,很少对乡梓作出过贡献,那么,这样的人只能称为乡隐,而不能称为乡贤。乡贤既应是道德为人敬仰、行为堪称模范的人,更应是为家乡作出过一定贡献的人。不论是教书育人、传承文化、制定乡约、调解邻里矛盾，还是乐善好施、修桥铺路、接济乡人，举凡一切有益于乡里乡亲的事情，他们总是满腔热情，乐做善为。对乡村建设的贡献，是乡贤的必备条件。如果对家乡父老没有什么贡献可言，何以成为乡贤？看一看汉魏六朝出现的一些记述各地乡贤的著作，如《汝南先贤传》《陈留耆旧传》《襄阳耆旧记》《鲁国先贤传》《楚国先贤传》等，其中记载的各地乡贤，不仅在道德、学问、修养、名望等方面为人称颂，成为时人敬仰的楷模，而且都是对家乡作出过贡献的人。他们能入各种乡贤传，绝非浪得虚名。

乡贤之说起源于何时？乡贤很早就存在于中国的乡村，但乡贤之说却是在东汉中后期才逐渐流行起来的。东汉中后期，随着一些世家大族的崛起，各个郡国都热衷于撰写乡贤传记，表彰那些曾经为当地经济、社会、文化发展作出过贡献的贤人雅士。东汉以后，世家大族成为维持中国乡村社会稳定的重要力量，涌现出许多被后人称为乡贤的人物，他们对当时的社会，乃至对中国历史文化都产生了重要影响。作为乡村精英的乡贤，在乡村治理、乡村教育等方面可补政府治理之不足，发挥了政府无法起到的重要作用。一些人看到了乡贤对社会发展的积极作用，把所属郡国那些有影响的人物事迹记录下来，于是出现了所谓的"郡书"。唐代史学家刘知幾在谈到这类著作时说："郡书者，矜其乡贤，美其邦族，施于本国，颇得流行；置于他方，罕闻爱异。其有如常璩之详审，刘昞之该博，而能传诸不朽、见美来裔者，盖无几焉。"（刘知幾：《史通》卷十《内篇·杂述》）刘知幾是较早关注到乡贤类著作的史学家，他认为，乡贤类著作都是"矜其乡贤，美其邦族"，因而在当地比较流行，而到了其他地方，知道的人就很少了。在谈到东汉史书繁盛的原因时，刘知幾再次提到了乡贤："降及东京，作者弥众。至如名邦大都，地富才良，高门甲族，代多髦俊。邑老乡贤，竞为别录。家牒宗谱，各成私传。于是笔削所采，闻见益多。此中兴之史，所以又广于《前汉》也。"（刘知幾：《史通》卷九《内篇·烦省》)刘知幾虽然没有对乡贤作出解释,但他把"邑老乡贤"与"高门甲族"相提并论,表明他已经把"邑老乡贤"与"高门甲族"放在同一个层级上,充分肯定了"邑老乡贤"的历史地位与作用。

乡贤对中国乡村有怎样的作用与意义呢?乡贤在乡村建设中的作用是多方面的。他们不仅热衷于乡村治理和乡村教育,而且乐善好施、造福乡里。乡贤一般都是受过良好教育的人,他们是乡里有知识、有影响的人物,经济实力往往要比一般村民好一些。他们有能力也有意愿造福桑梓,所以常常在乡村建设上主动作为,只要是力所能及,他们一般不会推辞。在乡村治理方面,乡贤往往身兼管理者、参与者、协调者等多重角色,必要的时候,他们也可以发挥上情下达或下情上传的作用,成为联系乡亲和政府的桥梁与纽带。在调解邻里冲突和乡人矛盾上,他们不会以势压人,而是以理服人,注重多方协调和沟通,注重平衡各方利益。所以,在乡村治理方面,乡贤是农耕文明时期中国乡村社会稳定的重要因素。

在乡村教育方面,乡贤的作用更是不可小觑。乡贤大多是饱读诗书之人,他们深知文化知识对于人们的生存、生活、成长和发展至关重要,所以他们非常重视教育,尤其重视启蒙教育和家庭教育。他们中的许多人自觉地担负起教育自家子弟和乡里子弟的重任,有不少人开私塾,并兼任私塾先生。虽然有的人也接受一些"束脩",但总体来说,义务教书的情况较为常见。他们是乡村的"先生",是传授文化知识的人,是教人向善的人。在善行义举方面,乡贤更是乐善好施的代名词。他们愿意帮助别人,勇于助困济人,乐于接济生活困难的乡亲。如东汉末年颍川郡著名乡贤陈寔,道德高尚,知书达理,处事公正,待人公平,为乡里所推重。乡里发生了纠纷,人们不去求官府,而是去找陈寔,请求他明断是非。只要是陈寔评的理、判的是非曲直,人们都欣然接受,没有什么怨言,以至于乡人都说:"宁为刑罚所加,不为陈君所短。"陈寔还乐善好施,遇上灾年的时候,乡亲们缺吃少穿,他就接济他们。大灾之年,陈寔的善举不仅挽救了那些一时糊涂的人，而且教化了乡党，纯洁了世风。当然，更多的乡贤是靠他们的智慧和财富造福乡里，为乡亲做好事，譬如常见的修桥铺路、接济穷困等助人为乐之事。在乡村治理结构尚不完备的中国传统社会，乡贤在文化教育、乡村治理、乡村建设等方面，都起到了政府所起不到的作用。他们是中国传统乡村超稳定结构的基石，也是推动乡村发展的动力。

对于乡贤，我们应该历史地来看，既要看到他们在乡村文化教育、乡村治理、乡村建设等方面的积极作用，也要看到他们对中国传统乡村超稳定结构的固化作用。乡村是农业社会的基础，也是各级政权的基础。但是，在中国传统社会，权力不下郡县，县级政权成为封建社会的基层政权，县令或县长通常都是七品官甚至是从七品官，县丞、县尉的级别就更低了。国家行政机构设置到县级，县以下是乡和里。乡和里的治理则借重民间力量，乡长和里长大多是由当地德高望重的长者或望族的族长担任，他们没有官位，不吃皇粮，不领俸禄，只是负责维持当地的秩序，帮助地方政府做一些诸如征收税赋、摊派徭役、管理户籍、教化民众之类的事情。但在乡村治理及文化教育等方面，乡长、里长则常常要借重乡贤的力量，因为乡贤有文化、有见识、有影响力，甚至还有财力。当乡贤与乡里管理者相向而行、勠力同心的时候，乡里就会稳定，乡村治理就比较顺畅。这个时候，乡贤的作用就得到了充分发挥。乡贤在某种意义上成了乡村治理的标杆，成为乡人敬仰和追慕的对象。但是，由于乡贤所受的教育不同，他们的理想、信念、追求也各有差异，因此，他们中的许多人不愿意与当权者同流合污，更看不惯权豪势要欺辱压榨百姓，往往是特立独行者和孤独求道者，但他们依然坚持用自己的方式服务乡里，造福百姓。如许劭主持汝南"月旦评"，大力奖掖和提携汝南才俊，评点天下名士，成为汉末继郭泰之后的清议领袖。他不应朝廷征辟，谢绝高官厚禄，以"局外人"的身份品评人物，客观公正，令人信服。又如吃尽文盲苦头的武训，穷且益坚，不坠青云之志，行乞办学，创办崇贤义塾，让那些读不起书的孩子进学堂读书，更让人肃然起敬。再如晚清职业慈善家余治，一生清贫，却四处呐喊，奔走于大江南北，劝人行善，宣传忠孝节义，成立各种慈善机构，移风易俗，救济孤贫，而且创立戏班，编写剧本，以戏曲劝善，被人誉为"江南大善人"。他们以各自的方式感染着世人，固化着中国乡村的超稳定结构，使中国乡村这个自秦汉以来政府行政权力鞭长莫及之地，成为乡绅乡贤的表演舞台。在当代作家陈忠实的长篇小说《白鹿原》中，从白嘉轩、鹿子霖和冷先生等人物身上，读者依稀看到了久违的乡贤形象，所以有评论者指出，《白鹿原》就是在寻找失去的乡贤。这样的评论虽然不无偏颇，却也道出了小说的文化追求。

乡贤是乡贤文化的创造者和实践者，从他们身上，人们可以看到传统乡贤文化在乡村建设、乡村治理、文化教育、乡土认同等方面发挥的重要作用。所以，从中国古代一直到近现代，许多乡村都建有乡贤祠，用以供奉和祭奠那些为乡村建设作出贡献的乡贤们，展示各地不同的乡贤文化。

乡贤文化是由乡贤及其乡人共同创造的，是中华优秀传统文化的重要组成部分。它作为一种文化形态，对中国古代的乡村治理，对家国文化的认同，对乡村社会的维系，对农业文明的传承，对宗族文化的延续，对乡村文明的弘扬，都具有重要的文化价值。在传承发展中华优秀传统文化的当下，创新乡贤文化，就应在进一步明确乡贤文化的历史文化价值与当代意义的前提下，深入发掘乡贤文化的内在价值和积极作用。具体来讲，就是要注重发掘乡贤文化对家国认同、乡村治理、乡村教育、乡村建设、乡村文明传承等方面的深层文化内涵，通过一个个乡贤人物，阐释乡贤文化的重要价值，梳理乡贤文化的积极意义，探索乡贤文化的传承创新路径。譬如家国认同，首先是基于对家族和家乡的认同。乡贤作为当地的贤者，不仅具有很强的凝聚力，而且还常常让乡党引以为豪，人们不论处于多么遥远的地方，只要说起共有的乡贤，就会立即引起强烈的共鸣，自然而然地拉近了人们之间的情感距离，从而形成对家族和家乡的认同。从这个意义上说，乡贤是家乡认同的标志性人物，也是促进家国认同的情感纽带。

乡贤文化对传承发展乡村文明，对当代乡村文化建设，对提升文化自觉、树立文化自信，对实现中华民族伟大复兴的中国梦，都具有积极意义。在大力弘扬传承发展中华优秀传统文化的当下，挖掘乡贤文化的丰富内涵，梳理乡贤文化的历史脉络，发掘乡贤文化的价值意义，进而创新乡贤文化，建设新乡贤文化，是传承发展中华优秀传统文化的内在要求，是提升文化自觉、树立文化自信的内在要求，也是实现中华民族伟大复兴的中国梦的内在要求。

为此，我们组织编纂了这套"乡贤文化丛书"，把自东汉以来的历代乡贤进行梳理，系统展示乡贤、乡贤文化的历史风貌和文化价值，以期让广大读者对优秀传统文化中的乡贤和乡贤文化有更多的了解，对乡贤文化的历史作用和当代价值有更多的认知，共同为创新乡贤文化、建设新乡贤文化作出应有的贡献。

"乡贤文化丛书"第一辑，我们精选了10位在中国历史上有一定影响的各地乡贤，他们不论在教书育人、修身齐家，还是在乡村治理、乡村建设、慈善赈济等方面均作出了一定贡献，成为人们传颂的典范楷模。在本辑编写过程中，每位作者均对自己承担的人物有一定研究，但因作者较多，行文风格各异，难免会出现一些不尽如人意之处，不妥之处，尚祈读者批评。

卫绍生　廉朴
2018年5月20日

引　言

武训，一个对许多当代人来说已渐行渐远的名字，可他在我国的历史长河中，特别是在教育史上，却是绝对值得大书特书的传奇人物。他作为清朝末年生活在社会最底层的一个乞丐，饱尝过目不识丁之苦，靠着乞讨攒钱，不娶妻，不建房，矢志不渝办教育。经过三十多年的不懈努力，在那个兵荒马乱、风雨飘摇的年代，武训修建起了三所义学，购置学田三百余亩，积累办学资金达万贯之多，这无论是在中国还是在世界教育史上都堪称奇迹。因而，武训也被世人称颂为"千古奇丐"。他的"奇"，主要表现在以下三个方面：

第一，奇在理想的宏大。武训是个彻头彻尾的穷人，无家无业，乞食为生。可他竟然要为穷人办学，让所有穷孩子都能上学读书，这是当时人们所不能理解的，以致人们把他看作疯子。然而正是这宏大的理想，使他把几十年的悲惨生活视为乐事，对时常受到的辱骂和作贱泰然处之。

第二，奇在方法的卑贱。为了兴办义学，武训一生中曾经无数次地向人们叩头行乞，把自己装扮成丑角，愈丑愈好，甚至吞蛇、吃蝎子等，凡是能讨到钱的招数他都使出来了。他甚至连名字都没有，人们只按排行喊他"武七"，甚至喊他"武豆沫""武疯子"，直到五十多岁时清廷嘉奖他才赐名"训"。

第三，奇在意志的顽强。虽然武训一次又一次地受到欺骗和笑骂，但这丝毫也没有动摇他为穷人兴学的决心。即使已经兴学有成，声名大震了，他仍然照常缠线蛋、织襻带，化缘、行乞、打短工，"义学症"延续终身，为办学百折不回。亡故后才谥号"义学正"。

在武训的奇人奇事中，蕴含了中国传统文化中诸多优秀的元素：舍己为人、尊师重教、坚韧不拔、公而忘私……他虽然终生乞食、身份卑贱，却被载入正史，与帝王将相、耆宿才俊并列；他虽然大字不识、没有文化，却留下丰富而宝贵的精神财富，垂范乡里，成为后人景仰的平民教育家，一个特殊而伟大的乡贤。

武训用平凡的身躯铸就了不平凡的业绩，把一个平凡的生命演绎得精彩辉煌，是平凡教育中最完美的注解，为中国优秀的乡贤文化铸造了最生动的实例。

目 录

武训生长的时代 ………………………………… 001
    一、变革的时代 ………………………………… 001
    二、武训的家乡 ………………………………… 003
    三、时代的涟漪 ………………………………… 004
    四、历史上的义学 ……………………………… 005

追梦义学 ………………………………………… 009
    一、凄凉的童年 ………………………………… 009
    二、义学之梦 …………………………………… 010
    三、剪发求乞兴义学 …………………………… 014

运河岸边举义学 ………………………………… 017
    一、一把铜勺求乞路 …………………………… 017
    二、且佣且乞筹学费 …………………………… 020
    三、锱铢毫厘筹资金 …………………………… 026
    四、殚精竭虑为义学 …………………………… 030
    五、穷使富保苦生息 …………………………… 035

苦心精诚　义学终成 …………………………… 043
    一、独身立志兴义学 …………………………… 043

二、"崇贤义塾"终开张 ……………………… 045
三、筹建义塾话辛酸 ……………………… 048
四、义学之梦终实现 ……………………… 056

缕絮一身 不改初衷 ……………………… 058
一、继续行乞办义塾 ……………………… 058
二、丐星陨落 ……………………………… 060

武训义迹声远扬 …………………………… 064
一、清廷的嘉奖 …………………………… 064
二、震撼教育界 …………………………… 068
三、楷模榜样昭后世 ……………………… 081

武训精神流芳久 …………………………… 094
一、武训精神的内涵 ……………………… 094
二、武训精神之价值 ……………………… 097
三、继承武训精神 ………………………… 103

附录 ………………………………………… 107

武训出生于清道光十八年十月十九日（1838年12月5日），山东省堂邑县（今山东省冠县）柳林镇武家庄人。这一天晨光熹微，村庄尚在沉睡之中。一家贫困农民的简陋茅屋里，传出了阵阵婴啼之声，武训出生了。

这是一个极度贫困的农家。在这样的农家里，添丁进口并不是什么值得庆幸的喜事，反而是又多了一张吃饭的嘴，又增添了一份沉重的生活担子。在当时积贫积弱的中国，这是很常见的现象。这样家庭的孩子，即使艰难长大了，也不是给财主家当牛做马，就是沿街乞讨，挣扎过活，一落地，就已经注定了他苦难的命运。在当时，这种苦水里生、苦水里长的孩子何止千万！他们都是默默无闻地走完受欺挨压、艰难困苦的一生。武训的父母无论如何也想不到，伴随着这个婴儿的第一声啼哭，这个婴儿将在中国乃至全世界的教育史上增加一段奇异、悲壮的旋律。他虽然没能改变一生的贫困、卑微，甚至沦为乞丐，却创造了一个乞儿办学的奇迹，在充满帝王将相、达官贵人的史书上占据了一席之地。身份卑微却有着圣人般的节操，大字不识却建了三所学校，一生孤单却造福了千百万的家庭和学童。这就是奇人武训。

一、变革的时代

武训生于清道光十八年，卒于清光绪二十二年

（1896年）。清王朝是中国最后一个封建王朝，特别是到了道光年间，封建社会的种种垂死之相逐渐显现，新时代的曙光也透入了一丝光线，这是中华民族历史巨变的前夜，而武训就在这样一个时代里度过了他五十八年的人生。

在武训出生的第三年（道光二十年，1840年）就爆发了鸦片战争，揭开了中国近代史的大幕。在武训十三岁时（咸丰元年，1851年），又爆发了太平天国运动。之后，捻军起义、第二次鸦片战争、洋务运动、中法战争、甲午中日战争等接踵而来。武训去世的前一年，北京又发生了"公车上书"事件，揭开了维新变法的序幕。当时的中国有三个特点：第一个特点是战乱频仍、内忧外患，清王朝的统治遭遇到了严峻的挑战，封建社会急剧下沉的趋势越来越明显。第二个特点是西方的坚船利炮已经打开了国门，古老封闭的中华古国再也无法维持他自主和自为的世界，中国逐渐沦为半殖民地半封建社会。第三个特点是面对国内外的严峻局势，面对迫在眉睫的亡国灭种的危机，各方有识之士都自觉不自觉地为国家的前途和自我的生存寻找出路。西方带来的不只是鸦片和枪炮，还有西方思想和现代意识。如太平天国颁布的《资政新篇》，已经表现出要用西方社会模式改造中国的设想，体现出和以往历代农民起义不同的时代特点。当时接受了西方文化的知识分子，在血的教训面前，也逐渐从闭目塞听、妄自尊大的帝国梦中觉醒，大力推行"洋务运动"，向西方学习先进的科学技术。康有为等人则走得更远，直接要求改革政治体制，高唱维新变法，要把中国引入独立的资本主义国家行列中去。

但是，在中国漫长的封建社会，政治的风浪要波及闭塞的乡村，还需要相当长的一段时间。特别是上层的新思潮翻卷的浪花，到乡村老百姓那里往往只剩下似有若无的微波细浪。何况封建时代的农民保守性很强，对新事物的接受非常不易。但无论如何，当时在这样风起云涌的大背景中，社会的动荡、变革的呼声还是在偏僻的农村以各种方式翻出点点涟漪。

二、武训的家乡

武训的家乡堂邑县，位于山东省西北部，现在属于聊城市，当时叫作东昌府。山东这个地方是齐鲁文化的发源地，春秋战国时期这里既有周天子的京畿之地鲁国，有厚重保守的文化传统，同时又有以海洋和商业文明为特色的齐国，民风开明奔放。这两种文化在堂邑县交汇显现。

首先是商业文明的发达。聊城和临清自明清时起就是鲁西北运河沿岸的两颗明珠，尤其是临清，明代即为北方地区商贸经济的中心城市。到乾隆时期，运河沿岸的商业区"绵亘数十里，市肆栉比"，俨然一个繁华的商业大都会。由于临清是北方地区的经济中心，其转贩贸易十分发达。虽然后来由于运河阻滞，运粮不畅，商业受阻，但直至民国时期，临清仍然是鲁西北的贸易中心。

聊城的发展主要是在清代，据《聊城地区商业志》记载，乾嘉时期，仅山陕商人在聊城创办的大型商号就有五六十家，中小型者不计其数。至道光年间，秦晋商人在聊城开设的大型百货店铺有三十多家。聊城最繁华的三条街是太平街、双街、东关街，古有"金太平，银双街，铁打的小东关"之美誉。中心城市的商业发展带动了周边地区农业和手工业的发展。这就是武训行乞的经济环境。虽然根据史料记载，武训行乞的足迹遍及山东、河南、河北、江苏等运河沿岸地区，但主要区域还是在其家乡附近。聊城和临清虽然后来逐渐衰落下去，但是经济还是相对比较发达的，是武训乞募资金的主要出处。

其次是武训的家乡堂邑县还是比较闭塞的。从自然条件看，这里比较贫瘠落后，灾害频仍。在堂邑县的方志里，有关"大旱""大涝""大疫"的记载比比皆是。堂邑县向南百里左右就是黄河。黄河历史上就是一条灾河，多次决口，把堂邑、临清一带变成一片汪洋。这横扫一切的"水老虎"，对年年挣扎在贫困线上的农民来说无疑是雪上加霜。在春荒、大旱之时，人们尚可食麦苗树皮，一旦黄水翻卷而至，人畜草树荡然无存。黄水紧接着就会带来可怕的瘟疫，情景惨不忍睹。这种情况下的农民，仅求温饱尚不可得，哪里还有条件去识字温书？所以这个历史上的人文荟萃之地，到武训生活的时代，已经是文盲遍地，文化极其落后。

苦难中的人们也想求变，但也创造不出什么先进的东西来，所以这里不但贫困，而且各类会道门名目繁多，由此引起的各类动乱也此起彼伏。饥寒贫困、文化落后、动乱频仍，这就是武训生活的具体环境。这其中既有时代大环境的因素，也有地域小环境的影响。特别是在那个剧烈变革的时代，堂邑县就像鲁迅笔下的未庄那样，还在背负着沉重的包袱昏昏沉睡，那些外来的思想、变革的浪潮，似乎还没敲开鲁西北的门窗。但大时代的脚步声，还是在这里荡起了微弱回响。

三、时代的涟漪

堂邑县东面就是大运河，在没有空运，陆运也尚不发达的时代，以大运河为代表的漕运地位至关重要。京杭大运河隋朝时开凿，到当时已经一千多年，仍然是一条沟通南北的大动脉，"国家岁漕东南数百万，由运河供亿京师。而临清州绾毂南北水陆咽喉"（魏源：《圣武记》卷八《乾隆临清靖贼记》）。

大运河繁忙的河道，运输的不仅有粮米货物，还有来自南方的新思想和京师朝野的动态。人们口耳相传、津津乐道的，除了里巷清议，也免不了这些新的信息。这让如武训般的贫苦农民们更加深刻地认识到文化的重要，对知识的渴求更加强烈。而在大变革的整体氛围下，文化教育的变革，特别是基础教育的变革需求，也成为时代的音符。如维新派的代表人物谭嗣同，就提出要"广兴学校，无一乡一村不有学校"。这种普及教育、广开民智的思想，是那个变革时代在教育领域的必然回响。而武训，这个与谭嗣同同时代的普通山东农民，通过他为兴办义学所做的艰苦卓绝的努力，而与承时代风气之先的维新派有了奇妙的共振。

四、历史上的义学

武训雕塑

武训想要兴办的义学，在中国古代早已有之。义学是中国古代为民间孤寒子弟设立的一种启蒙教育机构。义学远在汉朝时就已经出现，四川什邡县令，劝部属子弟就学，从此义学大兴，历朝连绵不断。至于具体"义学"之名，则始于唐代。根据《新唐书·王潮传》记载，王潮"乃作四门义学，还流亡，定赋敛，遣吏劝农，人皆安之"，这大概是有关义学的最早记载了。但是王潮是怎么创办的义学，这"四门"到底是哪四门，义学的资金从哪儿来的，教授什么课程，这些具体情况就不大清楚了。

义学的广泛设立始于宋代。宋代的义学多是民间以宗族为单位设立，大都限于教授本族子弟。比如范仲淹，我们常常把他当作一个文学家和政治家看待，其实他也是一个热心基础教育的教育家。

1038年，范仲淹因遭贬黜来到绍兴，担任越州知府。虽然任职时间不长，但他清白为官，关心人民疾苦，体恤贫弱孤寡，特别是在兴学重教方面办了不少好事。陆游在《剑南诗稿》中赞道："有越逾千载，何人不宦游。向来惟一范，真足壮吾州。"大意是：绍兴上千年历史，风光秀美，物产富饶，谁不想到此做官游赏呢！但在历朝历代中，只有范仲淹为绍兴做出的政绩是最值得赞颂的。

到任后不久，范仲淹看到一些穷苦清寒家庭的子弟，有读书天赋却不能实现愿望。于是，他就把这些孩子集中起来，在州府所在地卧龙山（如今的府山）西侧，创办州学——稽山书院。学生的学费、聘请名师学者的费用，都是从他自己每月的俸禄里面拿出来的。

因为范仲淹积极兴办义学，吸收贫困子弟入学，老百姓感念他的善举，就在学校门口挂上了"范公义学"的匾额。在他的倡导下，越州办学之风大兴，各种学堂、私塾盛行，"绍兴多出读书人"的风气一直延续至今。

范仲淹离任时，越州人民为了纪念他，建起了"希范亭"，还立了一座牌坊，坊上题镌着"百代师表"四个大字。如今绍兴的府山上仍旧保留着"清白亭"。范仲淹曾撰写《清白堂记》，借以表明自己"清白而有德义，可为官师之规"的从政之道。

当时范仲淹的这种义举在整个社会引起巨大反响，各地官僚和开明士绅纷纷响应，仿效范仲淹创办义学，崇尚儒道，标榜仁义，收拢人心，将救助范围扩大到社会最低阶层。其后的义学之风也代代相传。如湖南省有关义学的确切记载始于元朝，元代七朝重臣许有壬的父亲许熙载，号东冈,曾任官长沙,在长沙县设义学,训导诸生。他死后,诸生为追念他设立了东冈书院。到清代,湖南义学已经相当兴盛,但康熙年以前,多以官办义学为主且主要集中在一些发达的城镇地区。到乾隆时期,义学开始有了进一步的发展,这主要体现在各地方由乡绅捐资设立的族塾义学大大增加。到嘉庆时期官办和民办义学的总数已经超过五百三十所。从湖南的例子可以看出,到了清代,义学已经在全国各地广泛设置,不仅数量多、范围广,而且办学形式也更加多样。

义学在明清时候达到高潮,官府和耆宿乡绅们常常通过兴办义学来资助宗族子弟,提高地方教育水平。以河南永城为例,自元代设立浍滨书院开始,明代有永城人户部尚书黄运泰开设的黄门书院,自己出资,救济穷人免费读书,史书记载"历二十五年如一日,誉满梁宋间",这是当时著名的义学。清代时义学最多,有正心义学、东关义学、巴阳义学、蒋阁义学、二郎庙义学、茴村义学、地祖庙义学、清凉寺义学、文昌字纸会义学等,分布在永城城里和东西南北地域。一个小小的县城就有如此之多的义学,清代义学的兴盛可见一斑。

从现在的历史记载看,义学一般有三个要素:第一是公益性。义学是免费教育,多通过政府或士绅捐助建校,并通过捐助资金或者捐献田地的方式保证学校的运转经费。经费来源有官款、地方公款和地租等多种形式。以上述永城各义学为例,有政府投资兴建运作的,如正心义学、茴村义学;有富人投资的,如文昌字纸会义学;有寺庙僧人投资的,如清凉寺义学、地祖庙义学、二郎庙义学、蒋阁义学、巴阳义学;有政府与寺庙、大户人家共同投资的,如东关义学。义学运转的经费来源是什么呢?其中有七所是靠土地租金维持运转,只有正心义学、茴村义学是完全靠政府出资,每年财政拨款。这九所义学里,实力最强的是巴阳义学,共有土地九十亩。其次是东关义学,有东关永寿寺庙地三十亩,姬姓和陈姓共捐地三十亩,政府用永城境内突然死亡商旅之人的钱财购置的祭田十亩,共计七十亩。实力最弱的义学是文昌字纸会义学,只有土地三十五亩。可见资助人的实力直接影响到义学的规模和质量。第二是普及性。义学重视的是基础教育,所教授的也都是些蒙学课程。如清代的永城义学,日常所教授的内容主要是《三字经》《百家姓》《千字文》《千家诗》《论语》《孟子》等,另外还有写毛笔字课、作文课、简单的算术课等。第三是基础性。义学具有救助性质,主要解决贫寒子弟的上学问题,所以在基础设施上都非常简陋,能用就行。实力强的可能专门盖有学屋,其中大部分不是在破庙里上课,就是在废旧的土屋里上课,有的在农户的家里学习,教室狭小,桌凳简单粗糙。清代著名诗人袁枚幼时曾在义学读书,写过一首很形象的诗:

> 漆黑茅柴屋半间,猪窝牛圈浴锅连。牧童八九纵横坐,天地玄黄喊一年。

这是当时大多数义学的真实写照。义学的教师大都是乡间的老秀才、廪生、贡生之类。如清朝末年永城呼庄的郭捍成在乡里教了一辈子书,就是贡生出身。条河的秀才李泮藻一生在私塾执教,高庄的魏广卿、演集的李宇都是清末秀才,在乡间执教。当时这些教师的薪水也很低,仅够维持生计。而武训想要兴办的义学,就是这样的机构。

武训兴办义学的想法，在当时的人们看来无异于异想天开，可他最后竟然把义学办成了，其间经历多少坎坷，可想而知。总的来说，武训办义学，经历了办义学思想的萌发、办义学的准备和办义学成功三个阶段。

一、凄凉的童年

武训出生时家里已经非常贫寒，他七岁那年，灾难袭来：武训的父亲去世了。

武训的父亲武宗禹死于道光二十五年（1845年）的农历八月二日。正值草木凋零、秋风肃杀之时，他的去世让这个家庭所有人的心都凉透了。父亲是家里的顶梁柱，他的撒手西去，让这个本来就赤贫的农民家庭更是雪上加霜，留下的是家徒四壁、年近半百的妻子和几个半大孩子，最小的武训只有七岁，最年长的老大武谦也只有十八岁。

在那个时代，像武训这样的家庭何止千万，再苦再难也得活下去啊。于是，小武训只好拉起了要饭棍，扯着母亲的衣角，奔走在村落市井之间，开始了乞讨的生涯，从此柳林镇的乞丐队伍中又多了一老一小两个瘦弱的身影。这个未成年的孩子，蹒跚着跟在母亲身后，在高门大户前，在商铺高高的柜台下，仰着小脸，用稚嫩的声音哀告着，乞讨一点残羹剩饭，还要时时提防凶狠的恶犬，或者其他孩子的恶意捉弄。他天真的眼睛看过多少冷漠鄙夷的面孔，幼小的心灵经历过多少世态炎凉。小武训就这样在本该入学受教育的年龄，早早地走上了社会。

这开端的艰辛困苦，似乎注定了武训人生之路的崎岖，这也是那个时代许多贫寒子弟的共同命运。他们在苦难中默默承受、寂寂而终，没有留下一星半点儿的痕迹。只有武训通过无比的忍耐和毅力，在史书上留下大写的一笔。当然，儿童时期的武训，还不知道自己未来的命运，但他敦厚善良的个性，已经显出端倪。

乞讨的日子虽然艰辛，但母子俩相依为命，中国敬老孝亲的传统对武训影响深刻。他讨到汤饭一定先让母亲享用，有好的食物也忍住饥饿给母亲留着。有时候讨到零钱，就一个铜板一个铜板地积攒起来，积攒到一定数目，就买一些好吃的捧到母亲面前，即使远在二三十里之外，也务必连夜赶回来奉给母亲。孝敬老人是中华民族的传统美德，在历史积淀深厚的鲁西北更是深入人心，蔚然成风，但这样的美德在一无所有、顾全自身尚且艰难的乞儿身上，便更显得难能可贵。这也说明在小小的武训身上，已经有了舍己为人、甘于奉献的美好品质。

在武训跟着母亲讨饭的同时，年纪稍长的哥哥武谦、武让也给当地的富户打工扛活，借以糊口。母亲也做一些针线活贴补家用。武训一家就是这样挣扎求生的。武训年纪稍大些后，又到远房伯父家里做长工，受到不少虐待。暗淡的童年，想必在武训的心灵上投射了浓重的阴影，与寡母兄弟相依相伴的日子也没有太多亮色。武训就在这样的环境下逐渐长大成人。

二、义学之梦

乞丐的生活卑微艰辛，所求不过是衣食饱暖。但武训在感到身体的饥寒交迫的同时，还感到另一种饥渴：对知识的渴望。如前文所述，清代私塾林立，堂邑县也有不少，但大多是为大家望族的子弟设立。学堂里琅琅的读书声常常让小武训不由自主地追随，他经常羡慕地跟在学童们的身后，尾随他们来到学堂，隔窗聆听，情不自禁地跟着念诵。这虽然只是下意识的举动，但这种对知识的强烈渴望在以后的生涯里不但伴随武训生命的始终，而且成就了他生命的价值。封建社会人们读书无非是为了求取功名，"学得文武术，货与帝王家""书中自有黄金屋""书中自有颜如玉"。但作为饥寒不能自保、沿街乞讨的三尺孩童，武训并没有想到这些，他向往学堂只是对知识的天然渴求，是与富家子弟平等的朦胧渴望。这也许是许多身份卑下者的共同想法，只有武训把它变成了现实。这个"千古奇丐"在童年时期便表现出他传奇的性格。

武训盼望上学的心情实在太迫切了，有一天，他径直到学堂里找到先生，要求读书。这位先生看武训是个叫花子，就毫不客气地把他打了出去。他也曾羡慕地跟在学童们身后，想跟着他们一起到教室里去上课，上学的孩子们看到身后跟着一个小要饭的，当然很不高兴，有的肆无忌惮地嘲笑辱骂，有的大声呵斥，有的还拳打脚踢。武训回家对母亲哭诉，母亲无奈道："傻孩子，咱们穷得连饭都吃不上，哪里还有钱供你上学呢？"

性格懦弱的孩子，也许从此偃旗息鼓，不再做非分之想，老老实实地做他的乞丐去了。性格刚强的孩子，也许会冲上去跟学童们厮打。但武训选择了第三种，也是最艰难的一种道路："誓必教人人读书识字。"他想，天下像我这般渴望读书却饥寒交迫的孩童很多很多，难道我们就被彻底遗弃，再也没有机会学习知识、学习文化了吗？他常常向别人诉说自己的心愿：我想办几个义学，请来几名先生，专门教那些贫寒子弟们学习。听到这话的人，无不嘲笑武训自不量力。

是啊，作为一名乞丐，自己尚且三餐不继，住的是破烂的茅棚，哪里有能力兴办学堂？岂不是痴人说梦？但这就是武训，他在幼年时期就在屈辱的刺激下萌生了为贫寒子弟兴办义学的想法。之后随着成年后生活道路的愈加坎坷，以及因为不能识文断字而遭到欺骗和打击，童年时期的萌芽扎根成长，终于成为他一生含辛茹苦追求的目标。

武训长大后，开始到一些有钱人家去做长工。一开始他在一个同族伯父家里做童工，受尽了苛责与虐待。有一次他不小心把猪食打翻在地，就遭到一顿毒打。到十六七岁的时候，他母亲设法把他送到馆陶薛店，他的两个哥哥都在那里做工，通过哥哥的介绍，武训开始在张老辫家里扛活。张老辫是个贡生，家里有四五顷地。这一扛活就整整扛了三年，每年工钱六千文。工价低，但他干活却是十分的卖力，人们都说他是个傻子。有一次母亲生病了，武训想支点工钱为母亲治病，不料这个昧心的老板欺负武训实诚，竟然拿了个假的账本来欺骗他，指着账本说："看，你的工钱早就支完了，账目都在这里呢。"武训又气又急，他不识字，账本上写着什么也不知道，只好气急地说："做人要凭良心哪。"这个狠心的张贡生听到他说"凭良心"三个字，恼羞成怒，指使如狼似虎的家丁，把武训打了个头破血流。围观的人没有一个出来主持公道。张贡生还嚣张地说："看你这么痴傻，连个吃饭的地方都找不到。我看着你哥哥的面子，才赏你一碗饭吃。你倒不知好歹，还向我索要工钱，天下怎么会有你这样的傻子！"这次武训吃了个哑巴亏，三年的血汗钱就这么白白地丢掉了，还受了一顿屈辱，他越想越气恼，躺在磨道里，直气得口吐白沫。人们不但不同情，还给他起了个外号，叫"武豆沫"。

可是家里不名一文，无法生活，武训再生气也没有办法，只好又到一个姨夫家里做了长工。上工之前，武训跟姨夫定死了工钱，而且约定一年一结算。他想：这样的至亲，总不至于再欺骗自己了吧。武训干活不惜力，从寒到暑，终日汗如雨下。这样过了一年，到了岁末，武训让姨夫算工钱，不料这个人面兽心的亲戚，竟然也觉得武训为人忠诚可欺，照样拿了本假的账本来糊弄他，又是一文不给。几百天的辛苦劳作，换来个两手空空，武训心中怨恨无比，却又无处诉说，只好强自忍耐。熬到第二年年底，又是几百天的风吹日晒汗水淋漓，谁知这次姨夫不但还是不给工钱，而且恶语中伤。就是再隐忍的性格，也经不住这接二连三的欺侮，武训彻底愤怒了。但他并没有挥拳相向，而是含屈忍冤地回到家里，一头栽倒在地上，一连几天，既不吃饭也不说话。

其实，武训吃没文化的亏，也不是一次两次了。除了这两次工钱被人狠心昧下，还有两次：一次是他在一个秀才家里做长工的时候，姐姐托人给武训捎了一封信、两吊钱，当时武训恰巧不在，这个贪心的秀才见钱眼热，把钱给吞吃了。等武训回来，秀才把信念给他听，单单隐去了捎钱的事儿。武训不识字，自然信以为真。后来武训的一位亲戚从这里路过，顺便探望他，提起这事儿，武训才知道那两吊钱被秀才给吞吃了。武训去论理，秀才哪里肯认账，反而把武训痛骂了一顿。还有一次，正是过年的时候，秀才写完了春联，吩咐武训去张贴。谁知刚好起了一阵狂风，把春联给吹乱了，武训不识字，分不出上下联。秀才回来一看，自己床上贴了"猫狗平安"，鸡窝上反而贴了"阖家吉祥"，其余贴倒的，贴错的，不一而足。武训又遭到了一顿打骂。

武训含着眼泪，想着这桩桩件件："我为什么总是受人欺侮呢？因为我不读书、不识字。我为什么不读书呢？因为我家穷没有钱。现在我年纪已大，不能再去学堂念书了，可是这世界上还有许多穷孩子，他们都念不起书，将来全要像我一样受人欺负，还有口难言，有冤难伸，真是可怜！怎样才能让他们念书呢？"

这样的想法在他头脑里反反复复，二十年来的欺辱与歧视、希望与不解、悲恸与亢奋、犹豫与决心在他脑海里交织闪烁。就这么痛苦了好几天，最后，他终于彻底开悟，下定决心兴办义学，改变像他这样的苦孩子们的命运。但是办学是需要钱的，像自己这么穷，到哪里弄这么多钱呢？扛活常常拿不到工钱，靠不住，那可以乞讨攒钱，再打些短工，虽然有限，但省吃俭用积少成多，总能达到目标的。这个伟大的计划一旦确定，武训一跃而起，欢快地奔跑在路上，边跑边唱。他唱的是："扛活受人欺，不如讨饭随自己；别看我讨饭，早晚修个义学院。"周围的人都以为武训疯了。谁又能想到，以后会诞生一位前无古人后无来者的伟大教育家！一个悲悯、精诚、富有牺牲精神和奉献精神的伟大生命就此诞生了。

在中国上下五千年的历史中，也有许多富有传奇色彩的乞丐，晋文公、朱元璋，都曾经落魄流浪，乞食为生，最终成为一代君王；韩信最落魄时也曾接受施舍，最终建功立业。但这些"乞丐"们所遭受的磨难，都不过是他们成就个人功业的台阶，乞食求生最终成就的是他们个人的业绩。但是，没有哪一个人像武训这样想过和做过，没有一个人是为了成就别人的人生而遭受了整整一生的苦难。从这个意义上来说，武训的伟大要远胜那些建功立业的帝王将相们。

三、剪发求乞兴义学

下定决心以后，武训首先剃去了发辫，卖了钱，只留下一个桃形，"剃发如浮屠状，唯留额角一片，如桃许大，或左或右剃留不定"。大家知道，清朝时的人留辫发，这其中也有不少变化。清初的时候，要求最严格，要把头发几乎全部剃干净，只在脑后留下一点儿如铜钱大小的头发，结成辫子，被称为"金钱鼠尾"式。谁留的头发多了，大于一钱，就要处死！如此还引起汉人的反抗，当时有许多"留发不留头"的故事。可越到后来，就像其他各方面的生活习惯一样，满族人逐渐遵从了汉人的习俗，留发的方式也发生了变化，留发的地方越来越大，辫子越来越粗，渐渐变成了"阴阳头一半瓢"的样式。

武训的这种发型却完全不同，他为什么要这样做呢？有人解释说，武训在行乞的时候，不断捡拾一些烂麻绳、破布片，除补缀衣服外，所余的拧成细绳，编为襻带或肚带，售给穷人。有一次，他把捡来的乱毛发附入制品中，发现线蛋中有毛发弹性大，有浮力，绳带中有毛发坚韧耐用，均为雇主所欢迎。因此，他觉得发在头上为无用之物，并且是累赘，如善为利用，却大有用处，遂决定剪掉头发，掺入制品中，以增加义学的经济收入。剪光了头发又怕像个和尚，在形状上便平淡无奇了，于是又加上一个商标式的特别标记，这是从剪发的经济价值来推测的。但这还不能完全解释武训剪发的动机，因为剪发本身就是一笔费用，桃形必然需要定时修剪，从经济角度看并不一定划算，武训这么做一定有其他的动机。

其实，武训剪这样奇特的发型，是他故意做的惊世骇俗之举。行乞兴学，本来就是破天荒的举动，在多少人眼里都是痴人说梦、乞儿的疯言疯语罢了。武训恰恰利用了人们这样的心理，故作惊人之举，以引人注意，易于讨要钱物，相当于今天的奇装异服。封建时代，大多数人认为身体发肤受之父母，不可离断，只有出家人才剃发以示六根清净，连亲情也弃绝了。而武训并非和尚，这本身就有不驯服、不随俗的因素在内。另外，武训一心扑在兴办义学上，如痴似狂，如醉如痴，心无二用，对别人的嘲笑毫不在意，"时有以疯癫笑之者，而训洒如也"，甚至"笑之不顾，非之不辩，侮之不较"。他反而巧妙地利用这一点，编了不少歌谣："这边剃，那边留，修个义学不犯愁。""这边留，那边剃，修个义学不费力。""剃了这边留那边，修个义学不相干。""这边剃个葫芦片，那边修个义学院。"

古今中外，历史上这种沉浸于事业、执着于目标而终有成就的人中，有很多都有武训这种看似悖于常理、行事乖张，实则其来有自的行为。比如：少年时期的陈毅看书看得入了迷，竟然把书桌上的墨水当芝麻酱，用馒头蘸了吃，这是苦心钻研造成的心不在焉。魏晋时，"竹林七贤"之一的刘伶，因不满时世，遂嗜酒佯狂，任性放浪。一次有客来访，他裸身相对。客责问，他却说："我以天地为宅舍，以屋室为衣裤，你们为何入我裤中？"这是不入流俗造成的放浪形骸。《红楼梦》里的贾宝玉更是有种种"乖僻邪谬不近人情之态"，大观园中只与众姊妹们亲近，反而将父母教诲的读书为官之言骂作"禄蠹""国贼"，这是不满现实造成的"奇谈怪论"。武训身为乞丐，目不识丁，谈不到有什么文化修养，但他的乖张行为，一样有着不随流俗、不怕非议、坚持理想的因素在。

  总之，从此以后，在山东堂邑县乡间的小道、村庄的巷陌里，出现了这么一个人，他身材瘦高，穿一件补丁连缀的夹袍，头顶一个奇怪的发型。瘦削的脸上，眉眼间总带着几分抑郁，嘴角上却总挂着几丝倔强。他肩上搭一个褡裢，手里拿着一个磨得发亮的铜舀子。他就是绝世奇丐武训。肩上的褡裢，看起来有不少年头了，补丁不知打了多少层，反而显得很厚实；那个铜舀子是他祖上传下来的，说不清楚有多少年头了，上边结了一层铜锈，唯独勺把儿被磨得锃明瓦亮，闪着黄晶晶的光。平时在家里拿它舀水用，武训却在第一次出门要饭的时候就拿了它。其实，乞讨时拿一个破了边的黑瓷碗就行了。武训为什么看上了这么个笨重的家伙？武训自己心里也不十分明白。也许他懵懂地觉得，办义学这个事儿绝非一蹴而就，就拿了个结实耐用、禁折腾的家伙。果然，这个求乞兴学的艰辛历程，武训一脚踏上去，就走了整整四十年，直到死在临清义学的廊庑之下。

武训筹办义学，主要有三个办法——乞食、佣工、卖艺，还见缝插针做些手工活、替人说媒等，等积攒到一定数目的钱，又放贷筹钱，终于用了三十年的时间办起了第一座义学。为此，他在行乞、佣工之时，还编了很多有关义学的歌谣，这些歌谣，是今天我们了解武训的一把钥匙。他的歌谣里几乎每一首都有"义学"二字。当时的人们不理解，就说武训魔怔了，叫他"义学症"。

一、一把铜勺求乞路

一般的乞丐，往往"一肩破褡，叩门呼吁，饥则求食，饱则柳荫树下鼾声大作"。这种"乞儿常态"，武训并不具有。因为一般乞丐只是为了求食，肚子填饱了即可，武训却是要通过乞讨集资办学，因此要比一般乞丐艰辛得多，要付出更多难以想象的努力。

武训小时候随母亲要过饭，做乞丐对他来说并不陌生。但是如今，他担起了兴学的重任，对乞讨的数目要求高了，乞讨的形式也发生了变化。要饭的自然各有不同，有的习惯了瑟缩着身子，求爷爷告奶奶，浑身上下挂着一副可怜相；有的语气低贱，神态里却掺着一丝硬气；还有的油腔滑调，靠泼皮耍赖要点饭吃。

武训的形象是："每日肩背布囊，手持铜勺行乞，有予以钱币及食物者，辄以铜勺接受。"这还是乞丐的形象，但他随口编出的顺口溜，就和乞丐不一样了。一般乞丐经常唱些莲花落，让人感到这要饭的老到、诙谐，又能无形中给人一种压力，比干巴巴地乞讨好一些。户主最怕的就是乞丐在门口反复唱，不出来打发一些，不但令人厌烦，还会让邻居觉得他不大方、没善心。另外，在店铺门口一直唱还会吓退顾客们，耽误生意。所以乞丐大凡唱几遍莲花落，人们总是会出来打发一下。但武训的顺口溜与众不同，字字句句跟义学有关。

一日，武训来到一户人家门前，敲着铜舀子，唱道："我开口，你出钱，合伙办个义学院。你修心，他行善，明日个个成圣贤。"这户人家却只把他当作普通乞丐打发："眼下我家实在没什么东西打发你，你快走吧。"武训敲着舀子又唱道："东村走，西村转，办个义学不为难。穷人富人没高低，读书成圣都有缘。断了心思真不该，送子读书是大善。"这户人家终于不耐烦了，从门缝里扔出一枚小铜板，武训欢天喜地地从尘土里捡起铜板，放到褡裢里。那时市面上流行的最低面值的钱币叫制钱，也叫铜钱、京钱、小钱，每个值一文，百文为"吊"。再往上就是铜板，大铜板每个值二十文钱，小铜板每个值十文钱。这个小铜板能顶两三顿饭钱，武训自然高兴得不得了。

可要饭哪能次次都这么顺利？有时候不但要不到钱，还得挨打受骂。比如这家，武训在他门前唱道："不强要，不强化，各位大爷不用怕。我化缘，你行善，还是为了义学院。"唱了半天，那家就是不开门。过了一阵儿，院里传来一阵急促的脚步声，门吱呀一声开了，一个凶神恶煞的汉子，狠声呵斥："哪里来的混账货？再不滚，老子可要动手了！"话音刚落，门就咣当一声关上了。武训还是一遍遍唱："叫声大爷别生气，钱多钱少我不计。给几个，消消气，修个义学不费事。"不知唱了多少遍，嘴都干了，终于，那门又开了，那汉子冲出来，照着武训当胸就是一拳。武训跌倒在地，汉子上去就是一顿踢，边踢边骂，骂武训是个骗子。武训蜷着身子，拧着眉头，嘴巴紧闭，任他踢打，一声不吭。汉子踢累了，刚要转身离开，武训坐起来，又唱道："踢一脚，一个钱，踢两脚，两个钱，十脚八脚我不怨。"这时候，周围围上了一群人，都来看热闹。汉子更来了火，回身又踢，武训又被踢倒了，他照样蜷着身子，任汉子踢打。可当汉子刚一收脚，武训又坐了起来，唱道："踢了人，消了气，大爷不能白出力。一脚该付一个钱，账目清了算行善。"汉子觉得今天算是遇上了麻烦，怔了一下，悻悻地进了院子，把门关上了。围观的邻居们也都各自散去。武训却没有走，他费劲地挪动身体，来到汉子家的门前继续唱："叫声大爷别生气，钱多钱少我不计，给几个，消消气，修个义学不费事。"这家人终于服了软，从门缝里丢出几文钱，骂道："拿去哭丧去吧。"武训捡起钱，唱道："不嫌多，不嫌少，表个心意就很好。我要饭，你行善，修个义学你看看。"他一边唱一边到周边的住户门前，挨家挨户地讨要，邻居们都见识过这乞丐的厉害，都很麻利地施舍了些饭食、铜钱。

武训就这么唱着义学歌谣，到处要饭兴办义学。周围的人都将他视作怪人，有关他的传说越来越多。人们说，这个人平时像个闷葫芦，一年到头不发一言，大字不识，可是只要有机会，就去学堂的窗下听先生授课，分明是想读书想傻了。人们还说，他扛活没支到分文工钱，还差一点儿被打死，不知在哪里躺了三天四夜，突然爬起来就变成了这般模样，你说这事奇不奇！

武训对大家的这些议论浑然不知，或者他根本就不在乎，他深深地沉浸在那遥远而坚实的梦想里。"夜宿庙宇，昼沿街市乞，语若连珠"，"语皆成套，非歌非诗，总以创建学堂为辞"，这样的效果还不错，"人以此多乐与钱者"。

武训从不强求，只用软招，"不强要，不强化，各位大爷不用怕。俺化缘，你行善，大家修个义学院"。他还揣摩当时的社会心态，"不嫌多，不嫌少，舍些金钱修义学；又有名，又行好，文昌帝君知道了，准叫你子子孙孙坐八抬大轿"。

武训要饭还要出了门道,比如说,如果碰到灾年,就到没有遭灾的地方去要饭。要是遭灾的地方大,就走得远远的。他三十一岁那年,临清遇上了旱灾,他就跑到了河南、直隶(今河北省)两省,接连跑了二十多个县,整整两个月后才回到了临清。晚上,有破庙他就住在破庙里,没破庙他就找个麦秸垛或者地窖随便睡一晚。第二天,太阳刚露出脸,他就迎着太阳走,从向西斜着一个长长的影子,到影子慢慢变短,再到影子向东倾斜,慢慢变长,直到太阳落下。这影子每天印在这大平原上,印在一条条的大路上,印在一个个村头巷尾,印在一户户的人家门前。走到哪里,哪里就留下他独创的要饭歌谣,抑扬顿挫,在风中回荡。有时候,他看着苍茫的天边,想着自己攒的那点儿钱离办义学还差得远,不觉心中怅然。但最后,他还是会咬一咬牙,加快了要饭的步子。有时候,他实在累得拖不动身子了,就找个地方躺一躺,等稍稍恢复了力气,再起来继续走。有一次,他不小心跌到了一条深沟里,一连翻了好几个跟头,浑身钻心地疼,爬也爬不起来。他以为自己摔断了骨头,以后再也不能要饭了,不由得万念俱灰。在沟里昏睡了一夜,醒来后发现自己还能活动,就挣扎着爬出深沟,瘸着腿一拐一拐地继续走。他知道,出远门要饭,跟在家乡不一样,因为这些地方来了一次未必能再来,所以不能落下一家。因此每一个村子,他必定家家都到。腿实在疼得厉害,走不动了,他就爬,爬到了人家门口,唱起他的义学歌谣,直到有人出来施舍。

二、且佣且乞筹学费

武训办义学积累资金的过程是"且佣且乞",一边到处求乞,一边尽一切可能出卖劳力,做短工赚钱。《武训兴学碑文》:"充饥则赖乞食,积财则赖佣工。"其实,在积资兴学的事情上,武训是决不肯让自己有一丝一毫的松懈的。不仅筹来的钱财积攒起来，乞讨来的食物，略洁净完整的也舍不得吃，而是变卖换钱，从嘴边刮下来，哪怕一分一厘，也要积攒起来。至于佣工，一是因为佣工能有直接的钱财收入，二是农忙时节这是比求乞更快的来钱途径。并且，农业经济丰歉不定，武训所在的地方又常有旱涝之类的自然灾害，遇上灾年，老百姓自己的日子都不好过，哪里还有余粮给乞丐呢？灾年一来，口粮减少，要饭的却一下子增加好多，本来要口吃的就不容易，遇上灾年更是难上加难。对乞丐来说，在丰收的年景下，钱就像湿棉花团里的水，只要下点功夫，劲儿用到了，总能挤出来，不管好坏总能吃饱肚子，还能攒下一笔钱。可在灾年里，棉花团就被挤干了，再怎么使劲儿，也吃不饱肚子，更别说攒钱了。

武训的心里，一天到晚都装着一座金灿灿的义学，房屋巍峨，棂星门宽展，里面书声琅琅。天下人无论衣着光鲜还是破衣烂衫，都可以走进去，出来时个个知书达理，面色红润，身怀一技。他想一砖一瓦地把这义学给乞讨出来。这时候，佣工就是唯一的指望了。

"佣工"就是打短工。武训自从扛长工屡次被骗后，就不再做长工了，而是在打短工做零活上寻找挣钱的途径。当场付工钱，总不那么容易赖账。"以佣工之钱，所入无多，仍计日做工。凡挑担、拉车、推磨、拉砘，即极艰苦之事，苟可以获利者，无一不可。""拉砘"就是拉砘子，每年春天在播种之后，人们需要用沉重的砘子在土地上再轧一遍，再轧实些，便于种子发芽。总之，各种短工，无论多苦，只要能赚钱武训就干。"其性最勤，凡肩挑背负，苟可以得钱文者，虽披星戴月，无间寒暑，所得工价，除供母外，即筹设义学，不遗余力。……其性最俭，凡为人役使远出，往往乞食。"武训干活不论白天黑夜，哪怕是披星戴月也要尽早完成，好早点拿到工钱；就算是出远门的差事，他也靠乞讨果腹，好省下那一星半点儿的饭钱。"复赁春推磨，以人代畜。曾一日数主，而力不竭……及夏秋农忙之际，训曾代人出粪，或割麦锄禾，或拾棉榨纆。闲作小工，以日为期，工毕，仍乞于市。"武训干活不拣轻怕重，甚至干那些比牲口干的还重的活儿，或者一天干好几家的活儿。只要给工钱，哪怕是出粪这类最肮脏、最繁重的活儿也争着抢着去干。

武训的歌谣中，有不少是反映其短工生活的：

出粪、铡草、拉砘子，来找。管黑，不管了，不论钱多少。

铡草，铡草，给钱就好。

推磨，推磨，一斗麦子六十个，管推不管罗，管罗钱还多。

这些显然是武训沿街吆喝寻找雇主的唱词。歌词里有工种、时间，还有工价。据人考证，咸丰初年推一斗麦子，需要京钱四十文，推一斗杂粮则需要京钱三十文；后来涨到推一斗麦子六十文，推一斗杂粮四十文。武训开始且佣且乞生活的时候正是咸丰年间，其要价是符合市场价格的。为什么推麦子的工钱比推杂粮高呢？因为推麦子需要推好几遍，分出头道面、二道面、三道面等，一道比一道细，一道比一道白，因此付出的劳动量要比推杂粮大得多。

还有：

给我钱，我砘田，修个义学不费难。

又拉砘子又拉耧，修个义学不犯愁。

不用格拉不用套，不用干土垫磨道。

这些更像是武训一边干活一边唱的歌谣，有点儿像劳动号子，不同的是这号子里一样少不了义学。"不用格拉不用套，不用干土垫磨道"唱的是有点钱的人家，拉磨都是用驴，"格拉""套"等都是套在驴身上约束其行动的工具，牲畜推磨难免会大小便，搞得地上很脏，主人就得在地上垫上干土，以免驴子滑倒。武训的歌谣，说明他干的这些活，劳累繁重程度堪比驴马。有时候，为了吸引行人的注意，好找到更多的雇主，武训还故意戴上"驴遮眼",就是给拉磨的驴戴的一种眼罩。当许多小孩子围着他看的时候,他还学起驴叫。武训以人代畜,真正是当驴做马,其中有多少的辛酸哪!

所以武训也有自我激励的歌词:"又当骡子又当牛,修个义学不犯愁。"前半句无限辛酸,道尽了他且佣且乞兴学不辍的艰辛与奋斗,后半句则是武训自我勉励、自我激励的语言,可见他为了兴办义学,经历了多少挫折,犯了多少愁。

武训干活不惜力、工价低,受到雇主们的欢迎,但即使这样,也难免会遭到刁难。比如有一次,他遇上了一个跟他有过冲突的管家,这个管家曾经赖过他的账,跟他吵过一架。此时正值秋收,管家到地里收租子,农户们都把粮食一袋袋地交过来,供管家验看。验看后的粮食堆满了打谷场,农户们正发愁时,从打谷场南边的路上,传来一阵歌唱声:"东村走,西村转,办个义学不为难。穷人富人没高低,读书成圣都有缘。"这自然就是武训。他看村庄里人很少,找人一打听,知道今天是集中交租的日子,肯定有活干,便来到了这里。

管家叫武训过来,问道:"这里有钱你挣不挣?"武训深深施了一个礼,唱道:"你修心,他行善,合伙办个义学院。这人有心送来钱,哪能有个不情愿。"管家说:"你把这打谷场的粮食都扛到路边的大车上去,扛五袋,给三文钱,你干不干?"大车在打谷场旁边的大路上,要走过去得二百多步,一袋粮食至少有一百二十斤,这么多粮食,怕有一百多袋,扛下来得整整一天。这么重的活,扛五袋才给三文钱,一天下来才能挣几十文,实在太少了。周围人都觉得武训不会干,可他却点点头说:"可以。"管家故意刁难说:"那可说好了,你得把这一场的活全部包下来,要是半途而废,可是半文钱也拿不到。"武训又点了点头。

武训把随身的铜舀子和褡裢放在地上,撩起破烂的夹袍一角,掖在腰带里,两手抓住麻袋的两角,往肩膀上一撩,沉重的麻袋压得他一个跟跄，往前抢了一步，才稳住了。他扛着麻袋，边走边唱："东村走，西村转，办个义学不为难……"歌声随着步伐有节奏地传来，管家冷冷地说："唱吧，看你还有多少力气唱！"

武训扛了五袋后，走到管家面前，看着他。管家问："怎么不扛了？"武训没说话，眼直勾勾地看着他。管家心里有点儿毛，说："怕我不给工钱是不是？你也太小心眼了，五袋一结算，该多麻烦！你先扛着，几个五袋一块儿付钱，不是更方便？"武训没说话，回身扛起来，又扛了四个五袋，总共是二十五袋，一辆大车已经装满了。武训满头大汗地又走到管家面前，管家说："你扛了二十五袋，我记着呢，可二十五袋一算，净是零钱，多麻烦！你再扛几个五袋，凑个整数再结算多好。"武训还是没有说话，转身又去扛麻袋了。这时他有些累了，气喘吁吁。周围交租的人，开始不满地看着管家。武训还是一边走一边唱，又扛了二十五袋，装满了一辆车。武训擦擦汗，又来到管家面前，管家明知故问道："这回扛了多少袋了？"武训伸出手掌，连续亮了五次。管家说："好了好了，我记着呢，你没看我这会儿忙吗？钱少不了你的！"武训只好又转身去扛。此时此刻他的步子慢多了，腰弯得厉害，汗一滴一滴地往下淌，但是他嘴里还在唱："我开口，你出钱，合伙办个义学院。你修心，他行善，明日个个成圣贤。穷人富人没高低，笔墨纸砚都有缘。"周围交租的穷人们听了，都心有所感。这时已经日近晌午，周围的人都吃起了干粮，武训从自己的褡裢里掏出碎成块的黑饼子、糠饽饽，往嘴里胡乱地塞，又把褡裢翻开，把里面的碎屑都抖在手心里，脖子一仰，全倒进了嘴里，喉结一动一动地咽了下去。然后他又接着扛麻袋，又扛了二十五袋，装满了一辆大车，走到管家面前。

管家打了个饱嗝儿："又是二十五袋？我看也就剩下这最后一车了，干脆扛完一块儿结账多好。"武训斜眼看了下管家，还是一声不吭，接着扛。麻袋似乎越来越重，武训一个趔趄，跪在地上。武训稳住身子，哆哆嗦嗦站起来，又往前走。身上的衣服早就湿透了，腿时不时地哆嗦几下，他不时停下来稳一稳，再继续往前走。周围有的人实在看不下去了，要过去帮帮武训。管家眉头一皱说："我可是跟他说好了的，要是有人帮忙，这工钱可就没法给了啊。"人们只好止住了脚步。

武训的脚步越来越沉，腰弯得越来越低，几乎是一步一踉跄。几次人们都觉得他要趴下了，可他还是撑住了，继续往前走。管家也几次眼看他就要垮了，但他几次都失望了。武训的嘴里还在唱着，声音不像是从他嘴里出来的，反而像从哪个地方汇拢来的。每个词都像他的步子那样沉重，砸在人们心上。

日头偏西，打谷场上的粮食只剩下几袋了，武训也几乎走不动了。管家乘机说："要饭的，我看算了吧，别因为几个钱把命都搭上了。"武训一听，反而来了精神，步子慢慢稳了下来，喘气也匀了，歌声也越来越顺畅，打谷场上似乎没有了别的声音。他终于扛完了最后一袋粮食。

管家一时呆了——这要饭的竟然真的把粮食都扛完了！正想着，武训来到他的面前，还是不说话。管家问："你站在这里做什么？"武训还是没说话。周围的人都不满地议论起来。管家只好说："你是想算工钱？你扛了多少袋？"旁边有人说："四车，一车二十五袋，最后一车二十六袋，一共是一百零一袋。"武训点了点头。管家还想赖账，说："我今日出来，没带这扛麻袋的钱。等过几天，你到老爷家的账房，把这笔账清了吧。"周围的人愤愤不平，武训身子没动，站在管家面前。管家说："你不乐意？当着大家的面，我能赖账吗？"武训突然开口了："不是赖不赖账，'你修心，他行善，合伙办个义学院'，我一袋袋地扛，扛一袋，就是修了一次心，行了一次善。我扛了一百零一袋，就是修了一百零一次心，行了一百零一次善。既然你早已答应在先，我也不相信有人会当着大家的面，负一百零一次的心，欠下一百零一次的善。"管家的脸抽搐了几下，一阵红一阵白，愤愤地说："真是小气，我还能赖你的账不成？"说着气呼呼地数出六枚铜板，扔到武训脚下。武训也不生气，弯腰捡起铜板，唱着"你修心，他行善，合伙办个义学院"，慢慢地走远了。

三、锱铢毫厘筹资金

除给人家干零活以外，武训还在夜间做手工活。"昼行乞，夜绩麻，得一钱，则积之。""绩麻"就是搓麻绳。武训在行乞的路上，"遇断线残缕，必捡拾而结属之。缠作线球，或制作线绳，皆以易钱"。之所以这样做，武训说是"天地之间无物可废，人弃我取，变价得值，累成巨赀，必修义学"。武训的歌谣里也有这样的内容：

缠线蛋，缠线蛋，早晚修个义学院。

缠线蛋，结线头，修个义学不犯愁。

武训是怎么想起来做这些简单的手工活儿赚钱的呢？那也是他在长期乞讨过程中琢磨出来的。他早就悟出，只要肯用心、能吃苦，天地间到处都能变出钱来。可是有一样让他很苦恼，就是走路的时候没办法变出钱来，多数是白白浪费了。偏偏要饭靠的就是走街串巷，走路的时间特别多。有一次，他路过一条河，上桥的时候，看到一个人拉着一辆车，正费劲儿地上桥，可怎么也拉不上去。他赶紧过去帮忙，累出一头大汗，才把车子推了上去。拉车的汉子很感谢他："叫我怎么谢你呢？"武训心里一动，唱道："我推车，不用谢，只是肚子有点儿饿；舍口饭，给点儿钱，办个义学不犯难。"那人虽然不大明白义学是什么，但看武训是个要饭的，就从身上掏出几文钱，递给了武训。武训这下开了窍。这会儿正是赶集的时候，他就在桥边等着，帮人推车，一会儿工夫连推了十几辆车，得了几十文制钱、几块干饼子，武训心里非常高兴。可像这样赶集的天数毕竟有限，其他的时间又只能浪费了。他想起来集市上经常有人叫卖线球、车襻之类的东西，这些都是用线头、麻布或者废旧布缕编织成的。他想,这些东西都是随手就可以编的啊,用的都是零星的工夫,无论走路、歇息,什么时候都可以用上劲儿,编出来卖了不就又是钱吗?这么一想,武训就兴奋起来,捡了些废线球、旧车襻,反复拆,反复编,渐渐熟悉了那些编织的窍门。

从此以后,武训的眼睛就忙多了,忙什么?到处搜索断线残缕、乱麻破布!平时不注意,这一注意,发现这些东西还挺多——街头、河滩、路边、墙角,只要稍加注意,就可以看见。武训把它们细心捡起来,攒得多了,到河边洗干净,晾晒好,再塞到平时出门带的褡裢里,用它们做材料。从此,无论走在路上还是在路边歇息,武训都是手不停歇,编织活儿不停。长的材料编织车襻,短的就编织线蛋。车襻这东西,在现代早已销声匿迹了,在当时可是农民生活中常用的小工具,武训编的车襻还很结实耐用,农民们都喜欢买;武训缠的线蛋,主要是卖给儿童当玩具,类似现在孩子们玩的皮球。他为了节省线头布缕,看见哪里有乱发,也捡起来,洗干净了编进线蛋里。这样一来,线蛋不但结实了许多,还增加了不少弹性。一般的线蛋一拍能蹦一尺多高,武训的线蛋能蹦上三尺多高,小孩子都很喜欢。这样,只要他手里有货,就没有剩下的时候。

据说这样的手工劳动,"所得之值,与舂磨诸工相等"。于是武训白天行乞、打工,装疯卖傻,出卖劳力,当驴做马,休息的时候就编织不停,到晚上仍然手不停歇,每天忙碌到深夜。

武训去世九年后,他所捐资修建的崇贤义塾里有一个新聘的教师叫李伯骥。有一次,李伯骥无意间来到义塾的一处角落,那是房檐下一处隐蔽的地方,当年武训在世的时候,经常在那里听孩子们读书。李伯骥发现墙角有一堆破布似的东西,走近一看,原来是武训生前没有加工完的"敝缕一堆"。在墙角整整放了九年,都被人当作垃圾,连看都不曾看过一眼,可见武训当年是怎样积攒所谓的废物、垃圾,用它们换钱的。李伯骥非常感动,说:"其宝贵逾于珊瑚拱璧。非重其物,重其人也。义人手无尺布斗粟之资，慨然以创义学为己任。行乞乡里，见有弃缕俯而拾之，联缀成团，售之绳人，结而为绳，坚韧异常，人争购之，以此获利。积累既久，巨资逾万。虽不必尽由于此，而此乃其权舆也。今者，义人往矣，而敝缕尚在人间，是即义人之精神手泽历久而不敝者也。"李伯骧从这一堆敝缕中看到了当年武训日积夜攒的艰辛不易，这堆敝缕蕴含的精神虽珊瑚拱璧也不能相比。李伯骧把这些敝缕放在几个应乡试用的大篮子里，挂在武训祠堂的东墙之上，提醒人们不忘武训的艰辛，不忘武训的恩德，好好读书。

另外，武训还有一项筹措资金之道，就是替人说媒。刘子舟《义学正武公传》说他"好为人执柯"。沙明远《纪武训兴学始末》也说他"复与

《武义人敝缕记》

城镇儿女代联姻戚,躬为媒妁"。武训的说媒活动,可能一直延续到他去世。从什么时候开始不得而知,但估计不会在他行乞的前十年内。这十年里,他没什么积蓄,在一般人的眼里,他只是一个到处行乞、疯疯癫癫,甚至竖大鼎、做蝎子爬、吞砖吃瓦的怪人,哪个人会愿意找他做媒?再说,这十年里他自己还是个二三十岁的光棍,当媒人也不大合适。后来,随着武训乞讨的时间越来越长,他的名气也越来越大,人们慢慢都知道了有这么一个满口歌谣、要修义学的"义学症"。过了四十岁后,他上了年纪,经济上又有了一定积累,并且因为放贷跟当地的士绅们有了来往,身价无形中提高了,成了一个旷古未有的特殊乞丐,这才有了做媒人的条件。许多人都知道了他不是一般的叫花子,是个乐意行善的叫花子,甚至是个有钱的叫花子。他到底有多少钱,谁也说不清,反正,一般财主是比不上他的。在人们眼里,武训便有了特殊的分量。而且他上门讨饭,女主人出来打发的比较多,一来二去的,好多女人都信任他,有些人还和他说说知心话。他走南闯北,对许多人家都能摸底儿,便有女人托他给自己的孩子说媒。又因为他心里有数,为人实诚,从不欺瞒哄骗,只有双方合适,他才肯牵线搭桥,所以撮合成功的就多。他呢,自然少不了挣一份说媒钱。这样的钱,人家给得也都比较大方,少则一吊,多则几吊,有时还会赏些好酒好饭,他又可以换成钱。因此,他成了这一带很吃香的媒人,增加了不少的收入。每当说成一桩婚事,他就会唱:"义学症,做媒红,这桩婚事容易成。说媒说成一百个,修成义学也不错。"

不过,请武训做媒的人家,肯定不会是大富大贵之家,毕竟他只是个乞丐,公子、小姐的终身大事怎么会请一个乞丐牵线搭桥?当然赤贫之家也出不起谢媒钱,所以请武训做媒的,多是当地的小康之家。

四、殚精竭虑为义学

武训为了积累兴学的资金，极力地克扣自己，一点一滴地从嘴边刮下每一枚铜板，从衣裳上留下每一丝布缕。因为他在行乞过程中经常宣传义学，所以要来的钱总比一般乞丐多一些，有时"日得十数钱"，而武训自己"日惟以两钱市粗馒自养"，买最粗粝的糠饽饽填饱肚子。"武训自奉俭约，食必粗食，衣必缊袍。每乞于人，有所得，粗敝者自食自衣，美者卖价于人，积资修学。冬则衣敝袍一身，夏则短衫或长衫一件。饮食至臭不可闻者，亦不弃置于人。""有予以钱币或食物者，辄以铜勺接受。食物完整而稍洁者，均皆易钱，己则啜食遗弃之菜屑芋尾，及狗牢余沥不及污秽，意颇自乐。"武训歌谣里也有反映这一情况的：

吃菜根，吃菜根，我吃饱，不求人，省下饭，方能修个义学院。

吃芋尾，吃芋尾，不用火，不用水，省下钱，修个义学不犯难。

吃得好，不算好，修个义学才算好。

前两首歌谣，似乎是在啖食这些粗粝无比的食物的时候的自我激励之词，也许是对周围人的不理解的一种表白。第三首歌谣就完全是一种心情的表达了，越发显得兴办义学是他唯一的目标和最强大的精神支柱，为了这个目标，他吃得下一切苦头，而且以苦为乐，甘之如饴。

有的时候，武训甚至连菜根、芋尾都吃不上，他宁愿扎紧腰带挨饿，甚至啃食树皮："今天挨饿扎扎腰，围着柳树转三遭。转了三遭不用提，张着大嘴啃树皮。啃得树皮咯嘣嘣，久后还得义学兴。"但是，粗衣陋食，克扣自己，能省下多少钱呢？奇形怪状的打扮，出口成章的顺口溜，讨到的钱也毕竟有限，武训只好学习乞丐的另外一招——表演一些杂技节目，甚至不惜作践自己，吞砖头吃瓦片，甚至吃活蛇、蝎子，以此博人眼球，招徕观众，获取人们的一点儿施舍。孙伏园先生曾经写过一篇《竖鼎》："武训先生在沿路行乞的时候，常做一种名叫'竖鼎'的游戏，给市集上的人们取乐。……他这样做一回，得到一个钱。现在堂邑、临清、馆陶三处义学，都是武训先生用这类切实的方法，一个一个得来的钱办的。试问，这样伟大的事迹，还是用文字所能赞扬得了的吗？"

武训是怎么想到以卖艺来赚钱的呢？有一次，武训来到临清县城，看到那里熙熙攘攘的，原来那天有庙会。武训先到几个小吃摊前要了点儿剩饭，填饱了肚子，正在琢磨着到哪里要钱，突然听到前边一阵阵的喝彩声，原来是一群流浪的艺人们在拉场子卖艺。艺人们的精彩表演赢得了众人的声声喝彩，武训也看得津津有味。表演结束，观众纷纷掏出钱，往卖艺人的箩筐里投，不一会儿，箩筐里就有了不少的铜钱。武训看到后似有所悟。

武训离开庙会，来到一处河滩，这里没有人。他把褡裢和铜臿子放到地上，活动活动身子，弯下腰，双手伏地，把身子倒立起来，来了个"拿大顶"。这本是他小时候经常玩儿的游戏，现在隔了多年，有些生疏了，身子也比小时候僵硬了不少，刚竖起来，摇晃了一下，就倒了。他接着再做，倒了爬起来再做。等到能倒立很长时间了，他又尝试着两手交替向前，做"蝎子爬"。又是练了好大一阵儿，不知道跌了多少跤，慢慢地有点儿意思了。接着，他又两手轮流落地，把身子翻起来，打了几个"车轱辘翻"。他又把这几个杂耍动作温习了好几遍，直到熟练。他靠在一棵树上休息了一会儿，去河边舀了一些水，灌饱了肚子，紧了紧腰带，离开了河滩。

他回到庙会，稳了稳神，清了清嗓子，用手指敲着铜臿子，唱开了："老少爷们儿从这儿过，我在这里敲铜锣，敲完铜锣拿大顶，就是为了办义学。"他一边唱一边学那些卖艺的转起圈子，慢慢地拉出了场地。一会儿周围围上了一些人,人们纷纷议论:"这不是那个义学症吗?""是他,外号武豆沫。""他还到我家要过饭……""那我倒要看看他耍的啥名堂。"

武训看着人围上来不少,就把铜臿子、褡裢放下,双手往地上一撑,拿起了大顶,嘴里还唱道:"竖一个,一个钱。竖十个,十个钱。竖得多,钱也多,谁说不能办义学?"他不停地拿大顶,可就是没人给钱,还有不少人冷嘲热讽:"不就是想要钱?办啥义学!""就是就是。"武训累得直喘粗气,满脸的热汗不住地流进眼睛,滴落到地上。但他还是不停地竖,不停地唱:"我开口,你出钱,合伙办个义学院。你修心,他行善,明日个个成圣贤。"有人说:"原来是劝人行善的。""还怪能撑的,也不嫌累得慌。""算了算了,给他几个钱吧。"于是有几个小制钱、小铜钱扔进了场子。不过也有人开始散去,武训从眼角看到了,赶紧换了个"蝎子爬",唱道:"爬一遭,一个钱。爬十遭,十个钱。修个义学不犯难。"有几个本来要走的就留下了,"还能蝎子爬呢,不赖不赖",又有几个钱扔进来了。武训又开始打"车轱辘翻",转着圈子,一个接一个地打,转得呼呼的。人们开始喝彩,把更多的铜钱扔了进来。他实在累了,才停下来,把地上的钱一个一个捡起来,放进褡裢里,唱着"你修心,他行善,明日个个成圣贤",冲大家一一作揖。

不过这样的表演毕竟单调,有兴趣来看的多是孩子,孩子看个好奇,好奇劲儿一过去,也就算了,于是人越来越少。武训又表演了几个蝎子爬,看看扔进来的钱越来越少,正在发愁时,有一个孩子脆生生地喊着:"我要骑大马!我要骑大马!"这个孩子头戴瓜皮小帽,穿一身绸缎袍子,看来是个富裕家庭的小公子。那个领着他的大人问:"你让骑不?"武训眉毛一扬,唱道:"骑大马,有大马,我在这里爬一爬。爬一圈,一个钱,爬十圈,十个钱,修个义学不费难!"唱罢就趴了下来。

那个人把孩子放在武训背上,孩子兴奋地一夹腿,像骑马一样,小手使劲儿一拍武训的背,"驾"地喊了一声。武训不知怎地,眼睛有点湿润,他赶紧把头埋下,抽空擦了一下,开始爬圈圈了。孩子越骑越兴奋,哈哈笑着、尖叫着,说:"马儿,你要吃草哩!快,吃草!"武训浑身一震,假装没有听见,又爬了一圈。那孩子不依不饶,喊着:"爹,这马儿不肯吃草!"旁边的大人喊着:"叫你吃草你就吃呗,这里多给你赏钱!"说着扔了一枚大铜板。武训犹豫了一下,爬到一处草旺盛的地方,头一低,嘴巴含住了一撮草叶子,撕下来,嚼开了,青草的汁水顺着嘴角流下来。背上的孩子兴奋了,喊道:"吃草了,吃草了,有劲儿了!快跑!快跑!"武训加快了速度,嘴里咀嚼着草叶子,唱道:"草儿青青你莫嫌,你我都为义学院。今日小心嚼几口,来年更见长得鲜。你我今日结了缘,等着施主来行善。"那孩子的父亲又扔出了两枚大铜板,还有人也跟着扔了钱。没想到这一开头就没完没了,这个孩子骑完了,那个孩子也要骑大马,骑大马的孩子排成大队。武训转了一圈又一圈,钱不住地往场子里扔。武训累得四肢直打哆嗦,脸上不住地淌汗。忽然,他的左胳膊一软,一下子歪倒了,幸亏胳膊肘着地,身上的孩子歪了歪,还好没倒在地上。武训稳一稳神,看看不时落在眼前的铜板,咬咬牙,擦擦汗,又向前爬去。

一直持续到傍晚时分,骑大马的孩子们才陆续散去。武训一下子趴在地上,大口地喘着粗气,好一会儿没起来。等缓过神来,他把地上的钱一枚一枚地捡起来,吹了吹上面的灰尘,小心地收进褡裢里,一边收一边数,这一次一共得了六枚大铜板、十九枚小铜板、一百五十六文制钱。

这里的庙会一连三日,武训也卖艺卖了三日,一共竟得了一千多文钱,比要饭强多了。可三日后,庙会散了,武训又要想新的办法挣钱。他只好又想出更残酷的办法来引人注目:

  破砖碎瓦,都能消化,若不修义学,才惹人笑话。
  吃个蒺藜真是好,修个义学错不了。

吃蝎子，吃蝎子，修个义学我的事。

蛇可食，不可怕，要修义学全在我自家。

为了吸引人们的注意，好讨要更多的钱财，武训不惜戕害自己的身体，当场生吃蛇蝎、吞咽破砖碎瓦。可见他为了讨钱，忍辱负重、自我作践到了何种地步。

武训还有一些怪异的表现。比如，讨饭的时候，人们常常给他些水让他喝，他有时先洗脸，再喝了。当人们问他"洗过脸的水多脏啊，怎么能喝呢"，他就说："喝脏水不算脏，不修义学真肮脏。"据一些见过武训的人说，武训白天要饭，晚上住在破庙里，每天回到庙里睡觉的时候，进门必是一场号啕大哭，哭完之后，就寂然无声地一觉睡到天明。还有人说，武训要饭的褡裢里装的有黄豆，晚上他常常翻来覆去地查点数量，大家都不知道这是什么意思。有一次，他夜宿的破庙房顶掉下来一片破瓦片，砸破了他的头，他却唱道："打破头，出出火，修个义学全在我。"甚至有农村姑娘因为缠足疼痛而哭泣的时候，他也这样劝："大姑二姑你别哭，修个义学来念书。"这完全驴唇不对马嘴。

由于这些怪异的表现，还由于武训张口不离义学，不能被常人理解，所以人们就叫他"义学症"。其实，这个"症"，是多种原因造成的。一方面，办学的宏愿，像一个沉重的十字架，始终沉甸甸地压在武训心头，这使他心心念念不忘义学，甚至有些偏执——日思夜想就这么一件事，形成了惯性思维，无论遇上什么事，都能跟义学联系起来，甚至完全没关系的事情，他也能往义学上联系，砸破头和裹脚就属于这种情况。另一方面，为兴办义学所承受的种种压力，他的身份、文化素质、经济地位和他的崇高目标的巨大反差，以及乞讨中不得不做出种种怪异、受辱的举动，天长日久也渐渐扭曲了他的性格，使他逐渐形成了一些类似神经质的怪癖，其中喝洗脸水和夜晚大哭就是这样，特别是夜晚大哭，反映出他内心压抑的巨大痛苦。至于数黄豆，武训一定有他的道理，也许是在清点他积攒的钱财，只是外人不得而知罢了。这些怪癖，看起来不合逻辑，但从他兴办义学的终生追求看，却又合乎逻辑，同时又鲜明地反映出武训的为人与品格。如今看来，不仅让人敬佩他的专心致志和坚韧不拔，感动于他的殚精竭虑和竭尽全力，同时也为他苦难而压抑的人生喟然长叹、不胜唏嘘。

五、穷使富保苦生息

　　武训在常年的"且佣且乞"、辛苦卖艺中，慢慢积攒下了一些钱财。一开始，武训只是东扒一个土坑，西找一个墙洞，把钱埋藏起来。但这样很不保险，有时辛苦积攒的钱被人挖出，他有苦说不出。把钱借贷给小商贩吧，又常常遭到赖账。特别是他不识字，不会写也看不懂账单、文契，这就给他放账带来困难。特别是他身为乞丐，地位低下，在当时那种险恶环境中，像扛长工那样挨欺受骗的情况随时可能发生。事实上也发生了多次。罗正钧《武义士兴学始末记》载："积渐多，谋放母权子息。始为黠者所绐，愤极而病。"这说明他一开始放账的时候很不顺利，被人欺骗，这对他的刺激非常大。武训的歌谣也说明了这类情况的发生：人凭良心树凭根，各人各凭各人心。你有钱，我受贫，小心天上有鬼神。据说这首歌谣是因为一次成功的讨债：武训曾经放了二十吊（每吊一百文）钱给一个姓张的衙役，谁知那衙役是个流氓，想吞了这笔钱。武训对付他的办法就是在衙门口过夜。到第二天早晨，武训就一直不断地唱着歌谣，嚷着让这个张衙役还债。过路人都围上来看热闹，这事儿闹得州官都知道了。这时候的武训已经有了点名气，州官觉得这样实在不太体面，只得命令张衙役连本带利赶紧跟武训清了账。

　　可总这样终究不是个办法。武训自从二十岁开始决心攒钱兴办义学起，千辛万苦地干了近十年，手头积攒了近九十吊钱。另外，他还悄悄地置办了一些田产,作为日后义学的财产。到了三十一岁的时候,武训的母亲亡故,兄弟分家,武训将分得的三亩地卖了一百二十吊钱,加上原来积攒的钱,有二百一十吊钱了。这样一笔钱,完全由武训处置的话,确实存在很大风险。在这种情况下,卑微如蝼蚁的叫花子武训,在积攒了一些钱财后,不得不寻找当地有势力的士绅做靠山。

士绅和乞丐,这身份无疑有天壤之别。在武训恳求士绅帮助放贷之初,碰到了不少困难。虽然武训宣传办义学有许多年,渐渐有了一些名声,但也不容易受到士绅们的青睐和信任。武训有什么办法?只好长跪祈求。张元亨《武训先生兴学记》中说武训"每至钱满十串,就跪求富厚之家代储生息,必待承允而后起"。他先是在馆陶县城北塔头村,跪求富豪刘某储蓄,刘某不肯答应。这时,有人告诉他,馆陶县有一个武进士姓娄,叫娄崇山,为人非常正直,而且急公好义,极肯照应穷人,不如去求他代为放贷生息。如果能求得这个娄进士的帮助,不仅再也不用担心本金的安全,而且还可以年年生息。

于是,在这天早上,天刚蒙蒙亮的时候,馆陶县塔头村娄崇山家的门前,就来了一个身背褡裢、手拿铜瓢子的人,他就是武训。他来得实在太早了,娄家的大门还紧紧关闭着。这是一座高大的门楼,台阶两边摆着一对儿上马石,黑漆大门上方悬着一块"进士第"的金字横匾,门上钉着红底黑字的木质对联,两边是一对儿石狮子门墩。这样的大宅子,叫花子平时是上不得门的。门高院深,护院把守,把人挡得远远的,别说上门讨饭了,就是靠近一些也会被赶得远远的。这样的宅门,武训一次也没有敲过,不过,这一次他却来了。

他等了不知道多久,吱呀一声,大门终于打开了,出来一个人,身穿束腰蓝大褂,很是神气。他看到门前台阶上立着一个叫花子模样的人,觉得晦气,呵斥一声:"哪儿来的叫花子?怎么这么没数?也不看看这是什么地方!快滚开!"武训作揖说:"我是武家庄的,叫武七。(武训出身卑微，连个正式的名字都没有，因在家族中排行第七，人们就叫他武七。至于这个"训"字，是他故去后，官府封谥的名字。）烦请您禀告娄崇山大人，我来跟他商量理钱放贷的事情。"看门人一听，不太明白，分明是个叫花子，找老爷理什么钱？该不是变着法子讹钱的吧？就说："你编谎都不会编！谁听你在这里胡说八道！快滚快滚！"武训不紧不慢地说："我说的是实话，还请您禀告一声。"看门人不耐烦了，走下台阶："给你脸不要不是？再不走，我可不客气了！"武训又作了个揖，说："我说的的确是实话。"看门人抬起胳膊，作势要打。武训神态端然，纹丝不动。看门人收回拳头，回身把门关上了。

武训就在门外跪下了，口里唱道："兴义学，没心烦，现在已有二百一十串。存本钱，生利息，求求馆陶的娄进士。不要米，不要面，只求进士老爷见一见。"这样连跪带唱，武训在娄家大门外跪了一天一夜。

娄崇山在屋子里其实早就知道武训来了，但是他有顾虑，一是自己是有身份、有地位的武进士，一方士绅，跟乞丐交往，还有银钱往来，实在是太丢面子；二是钱财事都不是小事，听说这个乞丐与众不同，唱的歌谣里经常批评有些人坏良心昧了他的钱财，自己也得避避嫌。可他经不住武训在门口这么长跪歌唱，终于让武训进了门。

娄崇山和武训聊了一会儿，竟被眼前这个叫花子打动了。武训不间断地要了十几年的饭，竟然攒下了令人吃惊的钱财。除了手头上的这两百一十吊钱，他还悄悄在夫人寨、连二寨、布寨一带，断断续续置办了四十五亩地。娄崇山暗暗盘算了一下，在这一带的乡村，武训怎么也算是个小财主了。他竟然拿着这些钱，自己不吃不用，照样风里来雨里去地乞讨、卖艺、干苦力，就是为了办义学！世上竟还有这样的奇人义士！

娄崇山被武训彻底打动了，他下定决心，这个忙帮定了！不过他也知道，像这种事儿，自己单独给他管理是不合适的，一旦有人追问，就是自己再干净也说不清楚。于是他跟武训商量，由他出面邀请几个当地士绅，共同管理。建立一本流水账,一式两份,一份放到武训那里,一份由士绅们公推一个管账的,放到管账的那里,每月月初对一次账。利息就按当下的标准,最高三分,最低二分二厘。武训那里,也要找个信得过的识字的人代为管理,一同帮着管账。借款手续要严格,除了抵押契据,还要有实力的人作担保。

他详细地给武训说了这些,武训听了连连点头,觉得这个娄进士是真心想帮助自己,心里长舒了一口气。于是两人约定,把武训的二百一十吊钱和四十五亩地,全部交给娄崇山代管。以后每积攒够一吊钱,就放到娄崇山那里存放。

杨吟秋《行乞兴学义士武训先生事略》里还记录,"先生(武训)恐绅耆之惮烦也(不愿意一次次地替武训放款),岁终必设筵敦请。绅耆让先生坐,先生唯唯而退,立于阶下,每进食,则叩头致谢。食毕,先生持其平素所积之钱,跪求代为存放,必允诺而后起。岁以为常,故绅耆无拒之者"。这是以卑下之姿态,用赔尽小心的办法祈求士绅们代为存放。

李伯骥《武训先生祠堂记》也记载说,"余弱冠为诸生,从先君游,遇武公,状若有所求",经过一番问答,武训叙述了他积资的艰苦和必修义学的决心,终于使"先君奇其言,受母财五千归为生息,每岁付以子利",这是通过宣传打动对方,使人帮助他放贷生息。有时候,武训还用近乎无赖的办法生息。李士钊《武训先生的轶事》记载了这么一件事儿,有一次武训跟当地一个小财主说笑打赌,武训说这两三天一定会下雨,那财主说,如果真是这样,他就捐四十吊钱帮助武训办义学。非常凑巧,三天之内果然下雨了。财主只好捆了四十吊钱,等着武训来拿。可他左等也不来右等也不来,足足等了一个月,武训来了,却不收钱,说是一个月前已经收下了,放在你家收三分利息。财主不干,武训说:"这四十吊钱,一定存在你这里,我再有钱时还要往你这里存。你要不答应,我就给你磕头。"财主没办法,只好做了武训的代理人。可见武训看起来疯疯癫癫的，对钱财可绝不糊涂，只要黏上就让人无法脱身。

《武训历史调查记》也记录说武训向"好户"讨要钱财，人家不给，说没钱，武训马上掏出钱来说："我有钱，我放给你。"有一次，武训到老官寨的一个进士张东瀛家里去放钱，遭到拒绝，张进士还打了武训一巴掌。过了十几天，武训反而到张家去赔礼道歉。由此可见武训放贷生息的艰难，他充分利用乞丐的特殊身份和乞讨的方法与韧劲儿，不择手段地把钱放到士绅、地主等"好户"那里，以便尽快地增加办学资金。为了钱，他真的什么也顾不得了。

就武训来说，他的身份、地位和生活中遭受的痛苦和挫折，使他坚定了"修个义学为贫寒"的目标，并为之拼搏奋斗。但是，长期以来"且佣且乞"、辛苦卖艺的实践教育了武训：光凭佣乞和卖艺是实现不了自己那宏大的理想的。自己既当骡子又当牛马，到处跪拜甚至不惜作践自己，十年下来才积攒了九十吊钱。作为一个乞丐，能积攒下这个数目已经算很不容易了，但从办义学的角度讲，无异于杯水车薪！他急于在自己的有生之年办成义学，就不得不走放贷生息的道路。但是，过去挨欺受骗的经历在他心里烙下了深深的印痕，现在他虽然到处宣传办义学，但许多人还是把他看作疯子，叫他"武豆沫"。在这种情况下，找当地有名的士绅做靠山是他唯一的选择。而对于这些士绅来说，不用自己掏腰包，还能博得赞助义举的好名声，何乐而不为呢？在当时，清政府正在提倡一种短期的义塾，如同治九年（1870年）就推行过一种两个月就能读完的"简便小学义塾"，这就更促进了这些士绅们赞助义学的积极性。

据沙明远《武训兴学始末》记载，武训虽然不识字，但是记忆力超强，在银钱的事情上非常精细。"自一缗至千缗，其利之相积，错落万端。而日利、月利、年利又纷歧杂糅，变幻无不至。训既不知书，复不通数理，则账簿契约，皆非所晓，惟持一心记忆。则纤微奇零，无弗综贯。故身为债权者数十年，未尝有债务纠葛事。"这主要因为，武训把积资看作兴学的命根，日思夜想，千抠万算，都是为了更多、更快地积攒钱财好实现义学之梦，如何会不精细呢？有的记载中说他"贪财如命"，这在一定程度上不算错。但是，如果没有这锱铢必较的死抠硬攒，一个乞丐怎么能够积攒下万缗的办学资金？

《儒林外史》里有一个严监生，他一生惨淡经营，精打细算，甚至靠自虐来减少开支。作者写道："严监生临死之时，伸着两个指头，总不肯断气。几个侄儿和些家人都来讧乱着问，有说为两个人的，有说为两件事的，有说为两处田地的，纷纷不一；只管摇头不是。赵氏分开众人，走上前道：'爷！只有我能知道你的心事。你是为那灯盏里点的是两茎灯草，不放心，恐费了油；我如今挑掉一茎就是了。'说罢，忙走去挑掉一茎；众人看严监生时，点一点头，把手垂下，登时就没了气。"因为这个细节，严监生成为吝啬鬼的代名词。但武训不一样，如果武训放贷只是为了膨胀自己的腰包，那他只是一个吝啬的高利贷者，就像严监生，这样的人在封建社会比比皆是，不值一提。但武训却是为了兴办义学，所以他的"贪财如命"，就不能以普通的吝啬视之，而是他一心办学、心无旁骛的表现。

有一个例子特别能说明这一问题。武训积资到一定数目并开始放贷置田之后，武训的兄长亲戚们难免想从他身上沾点好处。刘子舟《义学正武公传》说，早在武训积累的钱财渐渐增多的时候，"其兄弟子侄欲与分润"，（武训）则曰"众人钱，不养家，养家天打霹雳火龙抓"；"其亲故欲分给之"，（武训）则曰"不顾亲，不顾故，义学我修好几处"。这说明武训的亲戚故友都想从他的辛苦积攒中分一杯羹，这在极其重视家族亲情的中国传统社会算是非常正常的要求。但在这一点上武训的态度很坚决，办学资金来之不易，且来自众人，也要用之众人，一分一厘都不能装到自家的腰包里。

还有一个流行的歌谣："我的事，你别管，兄弟析居不相干。"这更表明了武训与亲人特别是兄弟之间的矛盾。武训陆续置办土地后，武训的哥哥要求种一部分，由于是弟弟的田地，哥哥不愿意付租金，这种情况在一般人看来完全可以理解。而武训却拒绝了，还以歌谣明志，"我积钱，我买田，修个义学为贫寒。谁养家，谁肥己，准备天上雷神击"，说自己攒钱置地是为了给贫寒子弟们修义学，绝不是为了中饱私囊或者养家肥己，最后一句甚至诅咒发誓起来，可见他跟兄弟的关系比较紧张，在办学资金问题上冲突还比较激烈。即使是兄弟子侄，要想在办学资金上占哪怕一点点便宜，武训也会跳起来。罗正钧《武义士兴学始末记》记载说，即使到武训病危的时候，"其侄克信往视之，先生不与之言，临终犹睨视之"，可见他们的关系有多么紧张。

武训对钱财的认真态度真是到了无所不用其极的地步，但他并不是一个吝啬鬼。光绪元年（1875年），鲁西北地区遭遇大旱，更可怕的是，旱灾之后又是严重的蝗灾，蝗虫铺天盖地如黑云滚滚，这"黑云"落到哪里，哪里就草木秃净，只剩下一片白地。饥民们吃尽了能吃的树叶、树皮、野草，奄奄一息地横躺在路边，连讨饭的力气都没有了。正在这个时候，在河滩上有人支起了几口大锅，舍粥放赈，这粥锅一支上就是整整三天，直到南边的救济粮运来。这三天，足足放了四十石高粱，合四千斤。而这四千斤高粱，就是叫花子武训出资捐助的。

还有一次，冠县张八寨张春和的母亲得了重病，想吃肉。张春和十几年来一直出门在外，没有回来过，全家只靠张春和的媳妇苦苦支撑，连饭都吃不饱，哪里有钱买肉？张春和的媳妇非常孝顺，看看实在没有办法，竟然从自己的腿上割了一块肉煮熟了给婆婆吃。这样的做法，在今天看来当然非常愚昧，但当时武训听说后非常感动，主动给这个媳妇捐献了十亩良田。当时人们都很诧异，武训却唱道："这人好，这人好，给她十亩还嫌少。这人孝，这人孝，给她十亩为养老。"

这些事例说明，武训并不是一个一门心思扑在钱财上的吝啬鬼，他花钱是有选择的,他认为该花的钱,从不吝啬。他想办义学不假,但办学终归是为了帮助人、教育人,只要是能帮助人、教育人的事情,都是应该做的,和办义学是一码事。人人修心,人人向善,才是武训理想中清清平平的好日子。

一、独身立志兴义学

自从请地方上的士绅富户们帮助自己放贷生息后，武训兴学资金的积累速度明显加快了。同治初年到光绪十二年（1886年）的二十多年间，武训的积累从最初的二百一十吊迅速发展到七千一百吊，如果按照当时的换算标准，大概合白银两千多两。

除继续行乞、做苦工和卖艺外，武训开始把放贷的得利用来买地，这也是当时封建社会人们实现财富扩张的必经之路。武训的家族曾孙武金兴曾经有两本账目，叫作《义学正地亩帐》，是光绪十一年（1885年）之前武训购置土地的详细记录。根据这个地亩账的记录，同治七年（1868年）武训三十岁的时候，堂邑夫人寨有一个叫马友同的就曾经把一亩半的地"当"给了武训，核价三十五吊，这应该是武训的第一笔土地交易。但这时候还是"当"而不是"买"，说明这时候武训热心的还是放贷，这一亩半地只是还贷的抵押款，田地的购置还只是放贷的一个副产品而已。十年之后，也就是光绪四年（1878年），武训家乡武家庄又有两个人先后把十二亩田地当给了武训，核价一百三十三吊。第二年，也就是光绪五年（1879年）武训才第一次买地，地址在馆陶县塔头村，购进五分五厘零五丝，核价四十九吊零二百八十文。这个地价比当时的价格要高得多，为什么呢？因为这块地上有房产。

苦心精诚 义学终成

塔头村是娄崇山的家乡，很显然，武训购置房产是为了作为义学的校舍。武训想把义学办在塔头村，是想让娄崇山助成这件事。他当时抱着极大的希望，但娄崇山对此并不支持，这对武训无异于兜头一盆冷水。娄崇山到底为什么不支持办义学，我们不得而知，可能娄崇山觉得自己作为武进士，地位和乞丐武训差别太大，搅在一起办学太失身份了。武训在失望之余，只好转而投靠另一名士绅杨树坊。杨树坊是一名文贡生，在当地很有声望，田产也多。此时的武训已经有了一些名气，杨树坊对武训的请求慨然允诺，从此开始"综理其事"。既然是综理，就不仅是放贷生息了，而且要切合实际地考虑义学如何兴办，以及办起义学以后怎么维持等事项。这时武训的办学资金都放了贷，杨树坊本人就是大户，非常了解地租收入的长期性和稳定性，同时作为一名文人，他也非常熟悉当时私学的情况。正如许多寺庙有庙产以维持寺庙的日常开支一样，当时的许多义塾也都置办有学田，作为维持学校运转的经费来源。况且地租收入并不比放贷收入少，还相对稳固。因此，杨树坊向武训建议把资金从放贷转到置办田产上来。对农民来说，土地是根本，武训对这一建议欣然接受。

从光绪六年（1880年）到光绪十二年（1886年），武训开始大规模购置土地。仅仅在光绪六年，他就买了二十一块地，将近六十亩。之后他每年都买地，到光绪十二年的时候，他已经买了二百三十多亩地。这些地全在堂邑县，那是因为，武训在遭到娄崇山的拒绝后，把未来学校的地址放在了堂邑县。这期间，武训还是一如既往地风餐露宿，有一顿没一顿地辛勤积攒，并没有因为有了积蓄就开始自我享受起来。关于武训买地的歌谣，也有不少："只要该我义学发，置地不怕置碱沙；碱也退，沙也刮，二年以后无碱沙。""只要该我义学兴，置地不怕置大坑；水也流，土也壅，三年以后平了坑。"根据《义学正地亩帐》记载，武训置办的田地价格差别很大，当时的平均地价是十八吊左右，而武训有时候四吊、八九吊就能买一亩。这是因为土地的好坏不同，沙地、盐碱地、洼地自然价格就低廉得多，看来武训为了节省资金，买了一部分不好的地。这些地在购置进来以后，当然要耗费不少心力去进行改造。虽然没有史料记载其中的改造过程，但杨吟秋《行乞兴学义士武训先生事略》记载："迄今调查其地，昔之所谓大坑者，今则能种植矣；昔之所谓碱沙者，今则尽成膏腴矣。"当然碱沙不会自动消退，大坑也不会自动填平，武训在土地改造上又耗费了多少辛苦，我们也可想而知了。

武训在兴学前年龄已经过了四十岁，但他仍然没有娶妻。有人劝他娶妻生子，帮武家延续后代，他则唱道："不要老婆不要孩，以修义学为生涯。""不娶妻，不生子，修个义学才无私。"据说杨树坊曾劝他先娶妻成家，这个时候的武训，有房有地还有债款，虽然还在行乞，但娶妻生子还是没有问题的。但武训"蹙然曰：'有妻则有子，耗资丧志，义学将终不得成也！'"武训为了集中精力和财力去办义学，把个人的幸福也断然牺牲掉了。从他"蹙然"的回答中，也可以看出他身处两难之中但终于还是把兴办义学放在首位的复杂心境。

还有一些真正关心武训的人，拿"不孝有三，无后为大"来劝说武训，武训却说：这世上的人们都懂得这个道理，代代相传更是天性。可是凡事都有个特殊情况，特殊在哪里呢？就是有些人做一些事情做得太专心了，或许就不能娶妻延后了。但这些人都是大忠大孝，以天下为忠，以天下为孝，就好像是出家为僧，为了普度众生，同样也是终身不娶，也不能说他们是不忠不孝。

二、"崇贤义塾"终开张

经历了将近三十年的辛苦积攒，光绪十三年（1887年），武训终于能够把兴办义学的事情提上日程了。这是一个秋天的上午，阳光和煦，在杨树坊的书房里，杨树坊和几个帮武训代管放贷的士绅们聚在一起，还有武训和请来帮助料理账目的远房孙子武茂，双方各拿着一个算盘，一边翻着账本，一边噼里啪啦地打着算盘，一直算到中午，双方才对出账目：武训要饭二十八年，前后典买土地二百三十亩，现有放债本利两千八百吊。有这些田产钱财，在当地算是非常像样的财主了。大家问武训打算怎么处置这些财产。

武训问道："这两千八百吊钱，够盖一座多大的义学？二百三十亩地，当作学校的学田，每年收租作为义学的日常开支，够不够呢？"杨树坊说："这钱盖学堂，只够盖个十间规模的。"武训说："要盖就盖个二十间的，可以多收一些学子。"杨树坊说："我们这些人可以再想办法，筹集些银两。"武训冲他们一一作揖表示感谢。

其实，在武训开始买地的第五个年头，曾经引人注目地第一次在本村武家庄买了一块地，一亩七分五厘，花了五百五十吊钱。这是一块有房子的宅基地，比武训当年在塔头村买的那块地足足大了两倍，购买的价格则是塔头村那块的十一倍多，说明这块地上的房子比塔头村那块的要多不少。这说明武训急于把义塾建立在武家庄。可这一次还是没有办成，因为盖学校的消息刚传出来，武训家的亲戚们就蠢蠢欲动。为了防止未来出现不必要的纠纷，武训打消了在武家庄办义学的念头，而是把第一座义学放在了离武家庄五里地的柳林镇。

柳林镇交通方便，周围村落比较多，武训觉得这样能让更多的贫寒子弟受益。但是，校舍用地怎么办呢？柳林有个叫郭芬的，不相信武训一个叫花子真的能兴办义学，有一天他碰上武训就问："武豆沫，你老喊义学义学的，咋几十年了还没见你盖起来呢？"武训说："我没有地。"郭芬说："没地好办，我在东门外有一亩多地，你要真的办义学，我就把地捐给你。"郭芬本来想，这个叫花子，穷了那么多年，就算有一些积蓄，哪里舍得都拿出来给别人家的孩子做事，于是将了武训一军。谁知武训一听，当即跪倒在地，给郭芬磕了三个响头——这校址的事儿，就这么解决了。

校址选好后，武训把自己近十年来购买的二百三十亩地全部交给杨树坊作为学田，又把那两千八百吊钱交给杨树坊做兴建校舍之用。义学盖了有半年多，直到光绪十四年（1888年）的三月，终于完工了。两排二十间教室，门房、厨房、先生寝室等辅助建筑七间，都是条石的地基，青砖砌墙，青瓦覆顶，既朴实又气派。尤其是那校舍，宽敞高大，规整俨然，红漆木格子的窗棂大方结实，明亮通透。这个义学的规模之大，在周围各县里首屈一指。

这座义学共耗资四千三百七十八吊，其中有武训积攒的两千八百吊，剩下的一千五百七十八吊，由杨树坊、娄崇山牵头，各地士绅们捐资补齐。另外，义学每年需要添置器具、教师束脩等各种杂费六百吊，武训买的二百三十亩地的地租收入是每年三百八十吊，还有二百二十吊的空缺需要靠士绅们捐助和武训的乞讨补足。后来武训办义学的名气越来越大，也引起了当地官府的注意，堂邑县知县郭春煦就报请山东巡抚核准，免掉了二百三十亩地的田税，这又为义学节省了一笔开支。但即使这样，学校日常开支还是有很大的缺口，武训仍然乞讨、做短工、放债，四处磕头募捐，用来填补义学经费的不足。

义塾开学的那一天分外热闹。在鞭炮声中，两个人抬着一块蒙着红布的横匾，登上梯子，把横匾挂在了义塾大门的门楣上。揭开红布，"崇贤义塾"四个大字露了出来。周围的人啧啧称奇，惊叹不已，谁能想到，这个学校，竟然是一个叫花子建起来的！这也算旷世奇迹了。

之后还有当地士绅们精心准备的祭孔仪式，虽然规模不能跟官府的祭孔仪式相比，但是整个过程，请神、初献、亚献、终献、撤馔、送神，一个不少，韶乐悠扬，香烟缭绕，气氛很是肃穆、庄严。周围的人们纷纷议论武训辛苦乞讨二十八年终于建成义学的奇迹。在当时看来，这也算是自盘古开天辟地以来亘古未有的奇事了。即使在今天看来，武训的事迹也是前无古人后无来者。大家都被武训精诚救世的伟大人格深深地感动,这祭孔仪式的气氛更加肃穆而热烈,武训三十多年的夙愿,到此终于实现了。

祭孔仪式之后,士绅和嘉宾们开始入席赴宴。这场开学宴非常丰盛,简直荟萃了鲁西北地区所有的名菜,鸡鸭鱼肉,山珍海味俱全,人们纷纷感叹,平日大家都说武训吝啬,甚至对自己的至亲骨肉也不肯接济一分一厘,可但凡是跟义学有关的事情,武训却大方得很。感动之余,士绅们邀请武训坐宴会的主席,谁知武训不但不坐,而且连宴席也不打算参加。大家很是不解,劝说武训,要是他不参加,这个宴会就不必进行了。

武训对大家深深地作了个揖,言辞恳切地说:"我明白大家的好意,可这样的场合,我从来也没有参加过,笨嘴拙舌的,说不出个所以然,反而败坏了大家的兴致。我武训就在这里感谢大家,麻烦了各位这么多年,以后还要继续麻烦你们,很是过意不去!"说完又连连作揖。

大家不好再勉强,只得开席。而武训自始至终都在门外候着,屏息鹄立。一直等到宴席结束,最后一个人离席,他才走进屋,把那些比较完整的剩菜用纸包裹好,装了一个大包袱。随后他走进厨房,和典礼上打杂的役工们一起吃了顿大锅菜和窝窝头。这大锅菜里有一些肉片,漂着油花儿,武训吃得香极了、饱极了,这也是武训少有的奢侈。饭后,武训找了一辆推车,把装着剩菜的大包袱放到上面,走了好几里路,来到一个砖窑,换了七十块砖头,反身又把车推回学校。他把砖头交给义学的门人,交代一番,嘱咐把这些砖用在学校还没完工的茅房上,这才转身背上褡裢,拿着铜舀子走了。

三、筹建义塾话辛酸

崇贤义塾因为它特殊的背景而在当地传为佳话,但义塾不能只有学舍，还需要有老师。义塾聘请的老师也是赫赫有名之人，他是寿张县的崔準，同治十二年（1873年）的拔贡、光绪二年（1876年）的举人，并被选为当年的"候选教习知事"，身份高，名气大。这么一个大人物，武训是怎么延请他来义塾任教习的呢？

在崇贤义塾开学前的一个月，崔準在寿张县的家里，刚吃过午饭，在书房里看书。这时候门人来报，说门口有一个叫花子，怎么赶都赶不走，他说他叫武七，今天一定要见见崔先生。寿张县离武训的家乡也就一百多里地，"武七"这个名字，崔先生是听说过的。听说义学快要建成了，武七来，八成是想请自己去做教书先生。不过，崔準并不打算答应武训。一般的义学，有的由官府兴办，有的背后有富绅的支持，办学经费、先生的束脩，都不会有什么问题。可这个义学却是一个叫花子办的，能盖起学舍本来就是一大奇事了，哪个能保证它的后续资金？况且这义学的管理也是一个问题，一个叫花子办的学校，能管理好吗？一旦越办越乱，最后散了摊子，以后自己这个堂堂举人，面子往哪儿搁？

不过，武训既然上门来求自己，也不能不见，于是崔準就叫门人把武训请进来，想着找个借口把他打发了就是。谁知武训一进屋，扑通一声就跪在崔準面前，言辞恳切地说出想请崔先生教书的愿望。看到崔先生有点尴尬，不想答应，武训又呈上了一沓子纸。崔先生接过来一看，一份是义塾首事人的名单，一份是义塾的规则，一份是义塾出租田产的管理规定，还有一份是先生束脩的发放标准和办法。崔準不由得暗暗称奇，这个义塾方方面面都弄得头头是道，而武训特地把这些东西带给自己看，好像早已知道自己担心的是什么。真是个有心人、细心人，天下竟然有这样办义学的！崔準感动不已，终于答应了下来。

武训对义塾的期望很高，招生标准也很严，不但要求是贫寒人家出身，而且还得有读书的潜质才行。义塾是为穷人家的孩子办的，不收取任何费用，可好多人并不相信，一开始，报名的人并不多。武训打听到哪一家有孩子符合条件,就上门讲解义塾的办学宗旨和办学条件,直到把人家说服为止。后来,大家越来越踊跃,报名的人多起来了,第一期招了"内课生童三十余人,外课生童二十余人"。所谓"内课生",就是指住在学校里,每日聆听先生教诲的学生;而"外课生",则不住在义塾,把文章作好后到义塾请先生修改指教。崔准在崇贤义塾教了一年,之后武训又先后请来了聊城的进士顾仲安、清河的拔贡滕肃封、博平的举人曹连枝等来义塾主讲。这些人都是鲁西北一带的名流,不管他们去哪里教书,身边总是围绕着一群学生,于是造成了"数县学生,数十百里负笈求学"的盛况,这对一个乞丐办的学堂来说,也算是千古奇观了。

前边说过,武训办义学已经引起了官府的注意,还减免了部分的田税。这其中,还有故事。

一直帮助武训办学的杨树坊,觉得武训的事迹非常感人,应该予以表彰,于是就写了一篇《具禀堂邑县署请奖表文》,全文如下:

> 具禀岁贡生杨树坊等为义行堪表,据实沥陈,恳恩详准,以维文教事:窃堂邑县西北柳林镇西武家庄有武姓行七者,鳏居不娶,素无名字,现年五一岁。早年,其父宗禹去世,与母崔氏、兄武让同居度日,以佣工为生。自幼心慕义学,因自名为"义学症",人亦以此呼之。其性至孝,人有给以甘旨者,即远在二三十里外,亦必夜归以奉其母。以佣工之钱,所入无多,乃计日作工。凡挑担、拉车、推磨、拉砘,即极艰苦之事,苟可以获利者,无一不可,累积渐多,生息颇难。至同治初年,伊母又去世,伊兄与之分析,遂将所分之地三亩,变价京钱一百二十千文,并前工作之钱,共二百余千,自恐不能认字,被人欺骗,遂恳馆陶县武进士娄崇山代为照管,分派轮使,如是亦有年。光绪十二年冬,统计所生息之钱,除买地二百三十余亩外,本利尚余钱二千八百千,交与职

等以为创建义学之资。七八年前,伊曾在武家庄买宅一区,用钱五百五十千,伊嫌局势狭小,且恐日后武姓争占,乃求职等在柳林择地创修。十三年春,郭芬捐地一亩八分七厘,在村堡东门外,遂于此地创建瓦厦二十间,二门、大门垣墙具备,共计用钱四千三百七十八千。除伊所交之钱二千八百吊,下空一千五百七十八吊,邻近绅耆帮助,共捐钱一千余吊,以弥补亏欠外,将地租所入之钱,以为延师支用之资,共计买契地一百九十亩五分三厘,当契地五十亩,承粮户名,即"义学症",地段契约外,有清单粘呈,计地租每亩二千者一百零五亩,每亩一千者八十三亩,每亩一千五百者五十亩;共合租价三百六十八千,除完粮七十余千外,延师束脩一百金,薪水三十金,学中添置器用,统计支销杂款,共需钱一百余千,四项合计每年需用约近六百千,仅以地租所入之钱计之,恐难敷用。且今年所延之师,系寿张县癸酉拔贡丙子举人候选教习知事崔準。学中内课生童三十余人,外课生童二十余人,学规整肃,训课严勤。今年初创此塾,来学者颇形踊跃,已有舍满难容之虑,为此恳仁天老父台,申文转详,以彰义行;更加恩栽培,庶文运日盛,人才日出,实感鸿慈于无既矣。

光绪十四年春奉

杨树坊将此文呈给了当时的堂邑县知县郭春煦,郭春煦看了之后,怦然心动,觉得这是件千古奇事,也是桩感人的义事。他觉得,泱泱大国,儒风浩荡,才能育化出这样惊世骇俗的奇人。武训这样的事迹,如果不表彰,那是自己的失职。按照清朝当时的定例,普通老百姓但凡捐赠银两一千以上的,就可以奏请旌表奖赏,给予"乐善好施"的字样,建牌坊,给表彰。按照杨树坊的呈文,武训捐建的义学耗资七千多吊,按当时的官价合银两得有两千多了,更何况,如此慷慨的义士,竟然是一个衣衫褴楼、食不果腹的乞丐，这不能不让郭春煦产生了浓厚的兴趣。

这天上午，郭春煦故意没穿官服，只穿了一件灰色长袍，打扮成一个普通士绅的模样，租了一台两人的小轿子，带着两个装扮成仆人模样的衙役，来到了崇贤义塾。还没到义塾，就听到里面抑扬顿挫的琅琅书声。他隔着窗棂看了一会儿，只见学子们认真读书，先生肃穆，秩序严整，不由得感叹学堂学风整肃，将来不愁不出人才。一进门，郭春煦首先看到了墙上写着的崇贤义塾规则：

一、洋烟最易损神，博酒最易滋事，严行禁止，犯者逐出。

二、无事不许轻出大门，定更关门，不准擅自开门，如不禀明事故，擅自出入者，立行逐出。

三、有人来学，须看门之人询明事由，方准出见，不准擅自领入。

四、学中有客，分班照应，每班生童各一人，不该班者，仍各自用功。

五、凡有事回家，须禀明方准告假，不得擅自回家。

六、学中不准戏谑喧哗，尤不准彼此口角，违者不论是非，一并逐出。

七、凡学士入馆者，自入学后，须有始有终，不可半途而废，致于物议。

规则下面有馆陶县武进士候选卫守备娄崇山、岁贡生候选训导杨树坊等三四十个首事人的名字，都是当地有名望、有功名的士绅。武训这样一个地位卑贱的叫花子，竟然能把地方上的这些名士们都聚集到一块儿，这到底是个怎样的奇人呢？

过了一会儿，武训来了。他身上穿着一件千补百衲、看不出原来颜色的破旧袍子，肩膀上搭着一个破褡裢，手里拿着一把磨得发亮的铜舀子，发型十分古怪，发辫没有了，只在左边头上留了一撮，还剃成了桃子的形状，非常滑稽，让人忍俊不禁。不过，这个外貌古怪滑稽的叫花子，见到了本县的父母官，并没有像通常人们那般诚惶诚恐，而是不卑不亢地行了个礼，便站在一边了。郭春煦暗暗感叹，这必定是个奇人，就客气地让武训坐下问话。

郭知县问："看样子你还在要饭，这义塾不是已经盖起来了吗？"武训非常认真地说："一座怎么够？这天下上不起学的穷人子弟太多了。"郭知县问："那以你的力量，打算办几座义学才算够呢？"武训非常坦然："等我闭眼的那一天，能办几座是几座。""听说你都不打算娶妻生子了？可你毕竟渐渐老了，就没想要歇一歇，享享福？其实，这些钱都是你辛辛苦苦要来的，自己用一些，也是天经地义的呀！"武训说："要说享福，我现在就天天在享福，我的福，就在这义学里呢。"郭春煦觉得这话有点做作，想："人就算不考虑自己，也不可能到这种地步吧？"于是故意追问道："就算你不考虑眼下，那你的后事呢？当真也不打算想一想？"这话问得厉害，在当时，人们对身后事的重视，常常超过现世的享受，好多人很早就开始给自己打造棺材，以给自己造一口好"寿材"为豪，对阴宅的方位、大小更是比对自己的卧室还要讲究。可武训却淡淡地说："后事是老天安排的，人自己再怎么安排也没有用，想多了也是白搭。"郭知县终于道明来意："我这里日后还要给你上奏请表，按朝廷定例，可以赐给你'乐善好施'的牌匾，还能建个牌坊，也不枉你这几十年的苦心了。"谁知道，武训蹙眉道："建牌坊？有那些钱，还不如留着再建一座义塾。"郭知县更加惊讶了，这个人，看着挺滑稽，说话却句句凛然，对答如流，不但不注重生前身后的名利，而且全是出自真心，没有一点虚伪做作，真是天底下第一位的奇人义士。郭春煦掏出十两银子，对武训说："这十两银子，你添点好衣服，买点好吃的，补养一下身子吧。"武训推辞不过，说："小人多谢大人对义塾的照料了！"郭春煦一听,知道武训又要把这十两银子放到义塾里去。武训告辞后,边走边唱:"人过七十古来稀,五十来岁不娶妻,亲戚朋友断个净,临死落个义学症。""路死路埋,街死街埋,天地就是棺材。"

郭春煦一回到县衙,果真给山东省巡抚写了请赏公文,除了叙述武训乞讨办学的过程,还写道:

> 捐设义学,所以培养人材,振兴文教,此即出之殷商富绅已不易得。今武七,以一贫苦乡民,而能克己好义,筹积巨款捐建义学,核计所费,除捐募绅民京钱千余贯不计外,已至京钱七千余串之多。尤所罕见,复经卑职于因公下乡之便,往看该义学,所建房屋工坚料实,经理有方,可期久远。传验该乡民武七,诚实朴讷,悉与绅者杨书远等公禀符合。卑职怜其衣如悬鹑,当即予银十两,令其添补衣履。该乡民始则坚辞不领,继仍收归义学。似此克己利人,实属令人钦敬。查定例,士民捐施善举银至千两以上者,例准奏请旌奖,给予"乐善好施"字样。今武七捐建义学,所费钱数,按照市价合银已在二千两以上。洵属好义急公,有裨士林,理合造具房地数目清册,详请宪台查核,府赐转详,奏请旌奖,而昭激劝,实为公便。再,此案例奖本可建坊,惟该乡民,并不好名,即蒙奏准,断不为此。则是旷典仍同虚设,将来拟由卑职遵照奖案,改给匾额,悬挂义学。

没多久,这张公文就到了山东巡抚张曜的手上。这个张曜,也算是一个传奇人物。他靠在河南固始办团练而起家,在平定太平天国运动的时候立下战功,当上山东巡抚后,广修道路,开设机械局,政绩卓然。可他出身贫寒,因为上不起学,认不了多少字,当官后连公文都处理不了,经常让老婆代劳,结果被政敌参了一本,说他"目不识丁",他也因此被降级。后来他发愤读书,手不释卷,昼夜苦修,还请人刻了一章,镌"目不识丁"四个字，日日勉励自己。后来张曜的文化修养大大提高，对诸多的公务呈文都能应对如流。当年参他的官员后来被弹劾解职，张曜不计前嫌，每年馈赠银两资助对方，每次写给对方的信上都要盖上"目不识丁"的印章，感念对方对自己的激励，一时传为佳话。

张曜出身寒苦，而且也要过饭，所以他当上巡抚以后，对乞丐很是照顾。每到冬季，他就命人搭设暖棚，开建粥厂，甚至建了小型工厂，专门救济乞丐和灾民。

这样一位巡抚，对武训的事迹自然反应强烈——一个叫花子竟然还知道教育的重要性，做出这样的义举！他联想到自己的经历，更是感叹不已。他当即叫人搜集一些武训唱的歌谣，细细地琢磨了一番，越发来了兴趣，于是下令传见武训。

武训仍然是一副叫花子打扮，见了巡抚大人，语气舒缓，眼神淡定，张曜不由得暗暗称奇。更让他吃惊的是，他们说了一阵儿，可能武训不愿意太浪费时间，竟然自然而然地从褡裢里掏出线头，一边答话，一边编起线球来，动作很是自然熟练。张曜心头一动，问道："你的那些歌谣里，什么'善'啊，'没高低'啊，'成圣贤'啊，都是怎么想的？单单凭你一个人，能叫人人都读得了书，人人都成圣贤吗？"武训说："单单凭我一个人，一张嘴两条腿，那自然是不行。可人心可以推出去，推到别人的心里头去，我推别人，别人再推别人，早晚有推遍天下的时候。"张曜想，此人如此胸襟，如果不是生于贫寒之家，一定能成就一番大事业。可是，谁又敢说他眼下做的不是一个大事业呢？张曜叫人拿来了一个早就准备好的黄色缎子面的簿子，上面写着"武七行乞义学缘簿"，打开来，第一页就是张曜亲自写的募捐启，叫各州府县帮助募捐。他取来毛笔，郑重地在募捐簿子上写下"山东巡抚张曜，捐助纹银二百两"。

四、义学之梦终实现

崇贤义塾开学后,武训还经常到学校去,以他特殊的身份和特殊的方式对义学师生们的工作和学习进行干预。

罗正钧《武义士兴学始末记》载:"一日见塾师昼寝,训长跪榻前。久之,塾师寤,见武,惊起,自是不复昼寝。或遇学生荒戏,亦向之长跪,学生咸相戒不敢出位。"老师如果白天多睡一会儿,或者学生不专注于学业,武训就用乞丐求乞时长跪的方法,敦促师生尽职、发奋。还有记载说,有一次,有一位塾师回家探亲,过了返校的日期还没返回,武训竟然连夜奔驰百余里地,"肃然跪于床榻之侧",动之以情,促其返校。杨吟秋《行乞兴学义士武训先生事略》也记载说:"先生每在院中静听,或闻有嬉笑声,搅攘声,则挥泪劝之……歌曰:'读书不用功,回家无脸见父兄。读书不用心,回家无脸见母亲。'歌未毕,膝随声屈,而先生跪于学者(指学生)之前矣。"武训历尽千辛万苦建起了义学,自然希望老师能够兢兢业业,学生能够勤勤恳恳,但他作为一介乞丐,没有地位,也没有权势,更没有威严,只能用乞丐的办法,哀求、乞求师生努力教书、学习,其苦心让人且叹且怜。

武训的苦心没有白费,崇贤义塾招收了一批批的贫寒子弟,帮助他们脱离蒙昧,成人成才。崇贤义塾的学员沙明远就是一个例子,他离开义塾后,继续深造,民国7年(1918年)后做过国会众议院议员、教育部编审员以及陕西、绥远、甘肃等省的教育厅厅长,真正从一个被教育者成长为一个教育者甚至教育家。他还曾经当过冯玉祥的文化幕僚,在北京联合蔡元培先生为临清的武训学校募过捐,是一个民主革命者。像沙明远这样的子弟,在当时还有一批,他们都是贫苦人家的孩子,如果没有武训创办的义塾,只靠他们的家庭是没有财力让他们接受教育的,那么这些人的一生,将永远在愚昧中度过,就好像永远睡在沉沉的黑夜里,是武训帮助他们沐浴了知识之光,最终改变了人生的命运。武训造就的是人才,比起那些自认为创造了历史、建功立业的帝王将相们,武训要伟大得多。

一、继续行乞办义塾

武训几乎在筹建崇贤义塾的同时,又参与了杨二庄义塾的创建。这件事得从僧人了证说起。了证是馆陶县庄科村千佛寺的住持,俗姓姜,自幼出家。他身为和尚,却心羡儒家,对儒家文化很感兴趣,对孔子"有教无类"的教育宗旨非常推崇,因此早就想建一所义学。四十年前他重新修建庙宇的时候,曾经剩下二百吊钱,就把这笔钱交给别人代为放贷生息,四十多年后,这笔钱已经达到很大的数目,于是了证"立意积修义学,以益斯文而赎来生"。他托杨二庄一个叫汪信远的人代买了一百二十亩地,又在杨二庄买了一座宅子,剩下的钱就用来修补房屋,兴建义塾的经济基础基本完备了。

了证筹建义学,武训也在行乞兴学,两人自然是志同道合。有一次,武训流浪到了证的寺庙,两人结识,言谈甚欢。此时的了证已经七十多岁,年老体衰,不能亲自筹办义学了,于是他将这个重任交给了武训。武训把自己筹建崇贤义塾后用募化和放贷得来的三百吊钱作为校舍改造资金,于是杨二庄义塾也在光绪十五年(1889年)正式建成了。这所学校有房屋十余间,规模比崇贤义塾小一半,但基本上满足了杨二庄和附近村民子弟的求学需求。

光绪十四年到光绪十五年,是武训意气风发的两年。这两年他接连创办了两所义学,毕生的愿望得以实现，但武训并没有心满意足、止步不前。维持义塾运转的主要经济来源是地租的收入，但上文说过，两座学堂仅仅靠地租还有很大的资金缺口，武训继续行乞，做短工，"有所余，则以输馆陶、堂邑两学舍。所适无定所，夜宿庙宇，昼沿街市乞"。武训雄心勃勃，还要修建第三所义学。

这第三所义学修建在哪里呢？武训的眼睛落到了距离他家乡四十里地的州城临清。临清是州城，比武训的家乡热闹繁华得多，"南北水陆之街，商贾辐辏"。这个地方武训乞讨的时候经常过来，也经常在临清的市集上卖艺赚钱。在这个一州的经济、政治中心建一所义学，当然是武训最大的理想。特别是在前面两所义塾建成以后，他又得到了山东巡抚和馆陶县令的召见，名声大震，临清的士绅们也对武训另眼相看。在他们的支持下，武训在光绪十七年（1891年）来到了临清。

这时候的武训，虽然还是乞丐的身份，但已经有了很大变化。他持有张曜所赐的化缘簿子，可以直接闯到官府募化捐款。据说武训"从此遍谒历任学院及临邑府厅州县，求其钤印缘簿之上。临近士夫见其功之有成也，亦莫不倾囊相助"。但实际情况可能并不如此，罗正钧《武义士兴学始末记》记载说，武训的筹募工作仍然非常艰难，"日在街市，三文五文、一百文、八十文零星募化，言必在临清修理义学一所"。看来乞讨还是他重要的募化手段。赵局度《武训兴学碑文》这样描写武训去临清时候的装扮："肩挑二小篓，一篓贮行佣器具，一篓贮债簿，而裹一油布，盖放债则跪求人写于簿内，以油布裹簿，恐道途雨沾湿也。"既然还随时携带着行佣的工具，看来只要有机会，武训还是要打短工赚钱。

当然，随着武训名气增大，他的募化速度比过去要快许多，但第一所崇贤义塾花了整整三十年，短时间内建起一所学校，无论如何也无法实现。后来还是一个叫刘禀阿的人觉得这样一直募化下去，临清义学的成立实在太遥远，于是自己出资，用银二百两，在临清御史巷买了一座宅子，后来又召集了一些人集资四百吊，把房屋修葺了一番。这些捐助，对外都说是"无名氏所捐"。这样，临清义塾才有了基础。光绪二十二年（1896年），临清义塾也开学了。后来又有几名商人捐资六百两，除投入学校运转外，武训也购置了一些房屋和商铺。崇贤义塾和杨二庄义塾的运转，主要靠的是地租收入，而临清是城市，武训也入乡随俗，主要靠商铺和房屋的租金维持学校的日常开支。武训此时在临清待了有六七年，直到亲眼看到第三所义塾开学。而这时，武训的人生之路，也快走到了尽头。

二、丐星陨落

武训虽然在晚年获得了一定的美誉，也有很多有地位、有实力的人支持他，但作为一个乞丐，他仍然过着一身褴褛、三餐不继的艰苦生活。这一方面是因为这种自我砥砺已经成了武训的习惯，即使有人施与财物，他也会尽数用到学堂里去；另一方面，士绅们的支持，很多都停留在口头上，三所义塾的运转费用像一座大山，沉甸甸地压着武训，令他丝毫不敢懈怠。因此，武训"终身敝衣恶食，居无定所"，三所义塾建立后，武训仍然"志不衰，仍日行乞，凡人世苦身劳力之事，可以得钱者，无不为"。

李士钊《武训先生的轶事》中记载有一位叫张省三的学生，"在他的记忆中，从六七岁到十四岁的七八年间，时常同武训先生见面"。张省三曾经说："我时常看到他拉磨、吃树皮，甚至有人玩弄作践他。"武训仍然是过去的武训，仍然在做短工，仍然在吃树皮，仍然在自我作践，用痛苦的表演来赚钱。其卑贱的行为和伟大的灵魂形成令人心酸的巨大反差。张省三又说："我的母亲很敬重他的为人，怜悯他的生活刻苦，每逢他到我庄村来的时候,常叫我给他送些菜和干粮。母亲说:'这个人没吃过麦子面和整个的干粮,干净一点的整干粮,他都拿去卖掉换成钱。你要看着他吃完,他要不吃,你就别给他。'我常看着他吃饭,不吃不给他,他则用许多方法哄得我给他了事。"给了他,自然是舍不得吃掉又拿去换钱了。

常年的艰苦生活,特别是吃树皮、吞砖瓦、生吃蛇蝎,使武训的身体每况愈下,肠胃更是不好。五十八岁的时候,武训生病了。以往武训身体不舒服,从来不去看医生,甚至连休息一下也不肯,依然出门求乞务工。可这次他的病非比寻常,一病倒,就食不下咽,每天只喝几口清水。连着几个月拉肚子,始终没见好转。武训自然舍不得花钱买药吃。此时正值大雨,冲塌了一家小酒馆的墙壁,这家人吃剩下的中药丸子滚到了大街上,武训顾不得这些药丸子已经发霉,捡起来吃了,这反而加重了他的病情。这时御史巷义学草创,只有房屋十几间,学生们已经开学,腾不出房子来,武训只好躺在义塾的廊庑之下。这时候正值夏季,天气虽然不冷,但蚊蝇很多,武训舍不得吃药,饭也吃不下,每天只喝几口清水,等待着死神的来临。但是,只要听到学子们的读书声,武训都会睁开眼睛,露出欣慰的笑容。

光绪二十二年四月二十三日,武训在学子们的琅琅书声里长辞人世。当时空气里弥漫着悲痛,全体师生哭声震天,闻者鼻酸。武训自幼心慕学堂,行乞兴学近四十年,含辛茹苦,褴褛终生,能在自己兴办的义学里听着学子们的读书声辞世,对他来说,也许是莫大的安慰和最大的幸福吧。

武训亡故后,堂邑、馆陶、临清三县官绅集体执绋送殡,各县乡民自动参加葬礼者达万人以上,沿途来观者人山人海,一时师生哭声震天,乡民落泪。观者无不叹息,相互低语:"谁说武训没有儿子,这样的哀痛,亲生孩子也不一定能做到。"据沙明远《记武训兴学始末》记载,武训"葬之日,乡人送者盈万"。一个乞丐的去世,能引起这么大的轰动,也算是前无古人后无来者了吧。

这里我们回顾一下武训一生行乞,为义学募集的资金:

柳林崇贤义塾:

学田:二百三十余亩,价四千二百六十三吊八百七十四文。另五十六亩六分余,价在一千吊以上。共二百八十六亩六分余,价在五千二百六十四吊左右。

捐款:两千八百吊。后又捐二百吊。共三千吊。

杨二庄义塾:

捐款:三百吊。

临清御史巷义塾:

合银两千两左右,内包括学田六亩、铺房三座和武训自己募化的款子。

按照人们的说法,武训一生积攒的钱财超过一万吊,这并不为过。这么一大笔钱财,如果拿去买田置地,可购得六七百亩上好的良田,他会成为名副其实的大地主,也许还有娇妻美妾,子孙满堂。如果他拿去放债,他会成为名副其实的大财主,日进斗金,财如流水。可是他把这巨额财富全部捐给了义学,"不肯妄费一文以奉己,稍私一文以养家",自己只剩下一个破褡裢、一柄铜舀子,赤条条一个乞丐身。他的死震动了三座义塾和鲁西北的村庄和市井。他的侄子把他的遗体运到堂邑县安葬,遵照武训遗嘱归葬于堂邑县柳林镇崇贤义塾的东侧。他可以白天聆听学子们的诵读之声,夜晚眺望学堂的夜读灯光,也可以含笑九泉了。

1951年,在武训家人和为武训管理过土地的许谨传的后代那里找到三册《武训地亩帐》,后由人民出版社影印出版。

这些地亩账记载了武训先生从同治七年(1868年)到光绪十九年(1893年)二十五年间购买土地的情况。书里面既有地契存根,亦有地亩账单,剔除重复的和残破损坏分辨不出土地亩数的,共有75笔交易,计地

《武训地亩帐》

296亩有余。其中规模最小的为0.29亩,最大的18亩,平均每笔约4亩。规模低于1亩的有9笔,高于10亩的7笔,其余均在1—10亩之间。年代在同治、光绪年间,地点是山东。由此可见,武训先生是一点一滴地攒钱,一块一块地买地。这些地全都是学田地,租金用来兴办学校和支付办学费用。地亩账上的落款都是"义学正",没有一处是武训的名字。

武训义迹声远扬

一、清廷的嘉奖

武训的事迹在当时就曾引起官方的关注，山东巡抚张曜就曾经上表请求嘉赏。光绪皇帝给张曜的准奏批转是："着照所请，礼部知道，钦此。"礼部恩准建坊的批文是："以捐款倡设义学，予山东堂邑县民武七建坊。光绪十四年九月。"当时对武训的表彰是建立牌坊，武训认为有建牌坊的钱还不如拿去建义学，拒绝了，于是光绪皇帝赐给了他一块匾额。清廷还赐给武训一身黄马褂，但也被武训拒绝了。

此匾系1889年光绪皇帝为表彰武训先生兴学义举所题。上款为：五品衔署东昌府堂邑县正堂郭禀奉钦差帮办海军大臣太子少保头品顶戴兵部尚书山东抚提部院张奏奉旨；下款为：旌表堂邑柳林镇创建义学武善士武训。光绪拾五年三月□日立。这块匾额一直为武训后人武金兴先生所珍藏，在"文化大革命"中，被红卫兵抄家时抄走。此匾照片原载于《武训历史调查记》。

武训于光绪二十二年四月二十三日去世后，其影响并没有消弭，反而越来越大，"武公义迹，乃大显于世"。

首先是杨树坊等武训家乡的士绅，呈文请求将武训请入乡贤祠，还开列了武训的八条义举："其性至孝""性至友爱""时时以捐建义学为念""其性最勤""其性最俭""其心极细""其心有恒""其心又极慈良"。紧接着，临清的士绅们也开始了为武训请奖的行动，他们对武训的评价是："乞讨之子好善，实出万难，况五十余年始终不怠。问之常人，固属不能，即有义士为善，一时则有余，为善终身则不足。此固千秋之罕闻，诚一世之奇士也。"因此，临清的士绅们，不但请求武训入乡贤祠，而且要求将武训的事迹收入临清的方志。

但是，这两次呈请，都没有下文。

"乐善好施"匾额

光绪二十四年（1898年），戊戌变法开始了。这场变法的主要内容之一，就是教育改革。变法虽然在三个月后失败，但教育改革的大势却再也无法阻挡。光绪二十六年（1900年），清政府颁布诏书，提出兴学育才是国家的当务之急，要求"各州县均改设小学堂，并多设蒙养学堂"。这里的蒙养学堂，就是指进行启蒙教育的初级学校。清政府还颁布了《奏定学堂章程》："外国通例，初等小学堂，全国人民均应入学，名为强迫教育；除废疾、有事故外，不入学者罪其家长。中国创办伊始，各地方官绅当竭力劝勉，以入学者日益加多，方不负朝廷化民成俗之意。"明确提出了普及义务教育。这一系列改革的新风，吹到了鲁西北，地方官吏、士绅们这才发现，那个已经过世的乞丐武训，早在几十年前就已经用自己的行动，践行着义务教育的精神了。于是他们又开始了第三次的请奖。

这一次，请奖的呈文中，没有再提及武训的孝顺，也没有夸赞武训的义举，而是这样评价："武训无训士之责，无教民之权，乃苦行三十余年，一乞人而教行三州县。方今宪台仰承谕旨，殷殷兴学，若得千百武训起而辅之，则学校之兴，可翘足而待矣。"山东布政使在批示的时候也说，过去对武训的褒奖，"其事皆在奉旨改制建学之前。现在恭承明诏，普设学堂，各署间或观望因循，未能一律克期兴办。大抵皆以经费难措为辞。斯亦地方官及绅商富民之耻也，……故民武训捐置义塾……于朝廷兴学育才之意，不无裨益"。这一次的请奖行动仍然没有下文。但这一次的请奖却是一次重要的转变。前两次的请奖，武训是以孝友好善、有益风化、裨益士林的典型得到推荐的，为此，请奖文书还不惜杜撰武训孝顺母亲、敦睦兄弟的事迹。（按照上文所述，这并不符合事实，相反，由于财产问题，武训和家人还闹得很不愉快。）总之，此时的武训，其嘉言善行，都是在封建伦理体系之内的。而这第三次最大的不同，是把武训作为苦操奇行、殷殷兴学的典型，一只脚已经迈到了近代文明的门内了。

光绪三十一年（1905年），在各方压力之下，清政府"谕令停科举而广学校"，结束了中国延续一千三百年的科举制度，提出广兴学校、普及教育的口号。这在武训的故乡又引起了一波连锁反应。第二年初，当时的山东按察使连甲下令查访、整理武训建学的事迹，他赞扬武训"担教育于乡间，嘉思想之高尚"，"正值学堂遍立，当将义塾改良……并饬堂邑县将该义民生卒年月及生平行谊，开具节略，候据详情旌奖"。这说明这时候的义塾已经改为现代的初等学堂了，武训的被褒奖已经呼之欲出。就在这一年，清政府的学部（当时的中央教育机关，类似于今天的教育部，1905年成立）颁布《强迫教育章程》，规定"幼童至七岁须令入学……幼童及岁不令入学者，罪其父兄"。但这样的律令，具体实施起来困难重重，地方政府和清政府都认识到，要想真正实现普及教育，光靠政府的力量远远不够，必须大力提倡私学、民间办学，而武训正是这方面的典型。

光绪三十四年（1908年），山东提学使（提学使司是当时主管一省教育的机构，与学部同时设立，类似于今天的各省教育厅）罗正钧正式请奏嘉奖武训，为他立传，"堂邑县人武训，乞食积资设立该州县义塾三所，恳请转呈奏咨表扬一案，档册俱存，披读起敬"。罗正钧在这篇著名的《提学使罗造具武训事实请奏咨宣付史馆立传详文》中强调了武训的事迹"事关教育，固异寻常"，其不寻常的地方就在于"自幼以未尝识字为恨，兴学于未废科举之时"——大字不识的一介乞丐，却能比号称学富五车的士绅们先行一步，以自己的一生投身义务教育和普及教育，武训的事迹不仅令人钦佩，而且在当时非常具有典型意义。罗正钧写道："方今东省各郡邑官学粗具规模，私塾未能推广，玄诵寥寂，义声弗闻，亟宜显殊异之操，借以启慕善之念。如将武训平生行谊昭于人，人心目之中必能激励颓风，振发公德。"罗正钧的这篇详文，得到了当时山东巡抚袁树勋的支持，他将之上奏朝廷，还写道："以一乞人兴学三州县，捐资万余串，仅予寻常旌表，诚恐苦操奇行不足以示来兹。"袁树勋特别强调了武训的时代意义："自圣诏屡颁，学校踵起，教育主义普及，官立公立之不足，必借私立以辅助之。国家又设为种种奖励，为诱掖劝导之具……若以一乞人，竭数十年之血汗……孜孜兴学以偿其必人人读书识字之夙愿，其志量品格卓立乎万物之表，非所谓人能宏道者欤？……武训之行，则可谓大义；武训之心，则可谓至仁。合应……宣付史馆立传，以彰奇行。"在教育改革呼声渐高，终成大势所趋的时代，这一次的请奖，终于取得了结果——清学部正式将武训事迹列入《孝义传》内，武训从此成为中国历史上唯一一位列入正史的乞丐。

在清政府国家层面的表彰之外，武训的事迹还引起了当时维新派人物的关注。光绪二十二年梁启超为武训作传，并收入他的《饮冰室合集》，后来这篇文章又被学部收入了当时初等学校的教科书，从此

梁启超　　　　　　《饮冰室合集》书影

武训声名大震，清政府后来对武训的表彰，不能不说是受到了这篇文章的影响。

二、震撼教育界

从1911年辛亥革命到中华人民共和国成立之前的近四十年间，各界对武训的表彰一直持续着，武训也从封建思想体系中的孝悌行善者，慢慢转变为推广普及教育的教育家。这也是武训在所有知名的乡贤中特异的地方，他的形象和典型意义，随着时代的变迁，有着一个不断解读、持续生成的过程，这个过程不仅属于武训个人，而且也属于中国那个风起云涌的时代。

1934年，时任山东教育厅厅长的何思源，联合沙明远、张自忠等十八名临清武训小学的校董，发起了纪念武训九十七岁诞辰的活动。发起这次活动的意义,在于"武公以一乞丐笃志兴学,苦节懿行,千载无匹,久已扬名世界","鄙人等除遵守其遗志苦行,力谋扩充校址,增加班次,以求进展外,更拟征集纪念之文字,编印成册,借以表彰武公之精神,推广武公之懿行,以为社会之表率"。

这次纪念活动规模空前,当时军、政、文、教各界的要人几乎悉数到场,他们利用题词、诗歌、散文、传记、评论等各种方式纪念武训、宣传武训;有的则在武训精神的感召下办起了武训学校;有的则为武训塑像,将其和孔子像放在一起作为圣人祭祀。他们于临清公园北面的凤凰岭建纪念亭一座,时任国民政府检察院院长的于右任先生亲笔题写了匾额。

还有一些爱国将领、爱国人士的题词,他们借歌颂武训精神,针砭时弊,抒发忧国忧民之情。比如冯玉祥题词"特立独行百世流芳,先生之风山高水长",张学良题词"行兼孔墨",杨虎城题词"风兴百世",宋哲元题词"艰苦励成",傅作义题词"高风千古",李宗仁题词"惟精惟一,有始有终"等。爱国将领张自忠作《武训先生九十七周年纪念》一文,盛赞武训兴学"精神永存"。刘半农在《武七先生的人格》中说:"他把他自己就看成了一个修义学的机器,这种专一不舍的精神,我们最应当表示敬意,最应当取法。"武训把功劳都归于别人,从不争名夺利、居功自傲,"这一点道德观点,我希望一般高官厚禄,为国宣劳的大人先生们多多注意"。张元亨在《纪念武训先生》中说:"中国……如今又值国际严重的恐怖时代,教育在内忧外患中窒息了,渐渐要向黑暗死灭,这该是怎样令人战栗的危机!武训先生是久已离开人间了,只有他的事业永远长存,好似矗立高空的一座灯塔,这耀出的明亮能破黑暗,唤来未来的曙光,指示给我们后来的人们,继承他的遗志步上应走的途径。"从他们的题词来看,有相当大的成分是从爱国、救国的角度来歌颂武训。虽然他们个人所处的社会地位有所不同,题词角度也各有侧重,但他们在通过颂扬武训强调爱国、救国方面却是一致的,这样就把学习武训、弘扬武训精神与抗日救国统一起来了。

还有一些教育家和进步人士的题词,他们把纪念武训、研究武训与办教育、提高中华民族的教育水平结合起来。比如著名教育家蔡元培在《武训先生提醒我们》中说:"武先生看出文盲的需要教育,与饿丐的需要饮食一样,而普通人虽肯以余食施饿丐,却不肯以余钱助教育,这是一种近视的习惯。武先生利用这种习惯乃以饿丐为需要教育者的象征,以饿丐所得余食与余钱为教育经费的象征。"指明了武训行乞兴学是为贫寒儿童争取教育权的实质。当时著名教育家、南开大学校长张伯苓题词为"义闻千秋",北京大学校长蒋梦麟题词为"懿行千古",北京师范大学校长王星拱题词为"苦节宏愿"。陶行知先生则写了一首《兴学的乞丐》,以诗歌的形式讴歌了武训的行乞兴学。郁达夫也写了一首诗来赞颂武训兴学。他们以武训研究为契机,力图通过武训研究,提高教育的历史地位,是对教育救国道路的新探索。

关注教育救国的教育家们,还借武训精神倡导教育救国之道。如黄炎培、陶行知、梁漱溟、晏阳初等著名教育家,他们不仅在理论上而且还通过教育实践来挽救中国、振兴中华。他们对武训无不交口称赞,且将之作为救国的切入口:"兴教育是为着立国的万年根本大计……现在国势,较武训先生时代,更为危机,教育尤为救国根本大计,竭力提倡,诚不容缓。"他们特别推崇的是武训兴学如"痴"的精神,"教育局苟能扩充这种痴的精神,则绝不至以三角五角一元三元的报酬论钟点而上课,更不至以费用之多寡使教育趋于商品化,而摒弃劳苦大众于教育圈之外,而甘心做只是私有之守知奴,即在生活颠连困苦之日,亦必以大众生活为前提,人众幸福为指归,为人众生活求出路,为大众教育求出路"。李瑞阶在堂邑县创办武训中学,并写下这样一首歌:"教育救国乃是我们的责任,救国必须唤起国民,教学做合一,大家齐迈进,桃李成荫四海春。我们为国家牺牲,为民工作,应发扬武训精神。"

从当时参加纪念大会并题词的人物来看，上自国民政府的各界人士，下至各有关省、市、大学的领导人，还有一些地方人士，可以说是阵容强大，是一次涉及要人最多、亲笔题词最多、宣传最广泛、影响比较深远的纪念活动。

进入20世纪40年代以来，各地纪念武训的活动几乎年年举行。1945年，在当时的陪都重庆举行的纪念武训诞辰一百零七周年的纪念活动最为隆重。冯玉祥、郭沫若、邵力子、陶行知、柳亚子等四十一名知名人士担任主席团，纪念会现场中央悬挂武训先生像，两旁有显眼的对联，上联是"舍己为人，是为至善"，下联是"行乞兴学，无愧大贤"，会场上不但高呼"武训先生万岁"，而且高呼"打倒贪官污吏，打倒土豪劣绅"的口号。《新华日报》《中央日报》《文汇报》《大公报》等影响力大的报纸都刊载了纪念文章。

这次纪念活动，与30年代相比，又有了巨大的变化。此时正值抗日战争刚刚结束，中国人民经过艰苦卓绝的抗战，在胜利之后，最大的呼声就是要求和平，反对内战，希望有一个安定的环境重建家园。而当时国共两党的"双十协定"已经签订，爱国人士欢欣鼓舞。因此，这次纪念活动，就与民主建国、建立民主政治的愿望紧密结合。在大会发言中，人们强调一个国家如果不普及教育，就谈不上民主政治："武训先生以其伟大精神赤手空拳创办义学，以现在的名称，就是国民教育和平民教育，他的事业正是目前最基本最重要的事业。今天国家当前任务是建国，建国必先树人。……如果教育不能普及，大多数的人民没有知识，不独政府的法令无从施行，政治根本无法澄清，民主政治更无从说起。"（敬幼如《武训先生的精神》）这个时期对武训的纪念和表彰，是中国新的建国理念和教育理念建设的一部分，因此，当时人们主张学习武训的办学方向，即穷人自救的方向，不靠官，要靠民，让人民夺回被剥夺的受教育的权利。这样的看法已经具有浓郁的新民主主义革命色彩。罗叔章《陪都千人大会，纪念武训先生》中说："普及教育和愚民政策是不同的，普及教育不仅叫人识字，而且叫人认识自己，认识自己是人，不是奴隶。"他号召人人都要成为武训，男成男武训，女成女武训，小孩儿成小武训。陶行知《把武训先生解放出来》说："假使四万万五千万人，人人都有成为武训的可能，那么不但是普及教育干得成功，而且在二三十年内创造出一个独立自由平等幸福进步的新中国也并不难。"

其实，正如前文所述，武训生活在一个风起云涌、两千年的传统中国在短时间内迅速走向现代化的时代，武训身上也不免有时代变迁中斑驳的色彩。他有朦胧的觉醒，想依靠自己的力量拯救自己——一方面用自己的苦操奇行拯救如自己一般的贫寒子弟；另一方面他的苦操奇行也让他自己的生命获得了价值，从而不同于周围与他同样的万千百姓。他的自我意识和自我实现达到了那个时代所能允许的最高高度。但同时，他的苦操奇行中又充满了旧时代所特有的自我扭曲、自我作践的成分，充满了奴性。正是因为武训行为中的参差多态，才让这个时代变迁中的传奇乞丐具有多义解读的可能性，孝悌传家、维新改良、救亡图存、开启民智……武训在不同的时代都具有积极的意义，武训精神也成为一个值得研究的题目。

武训先生一百周诞辰纪念

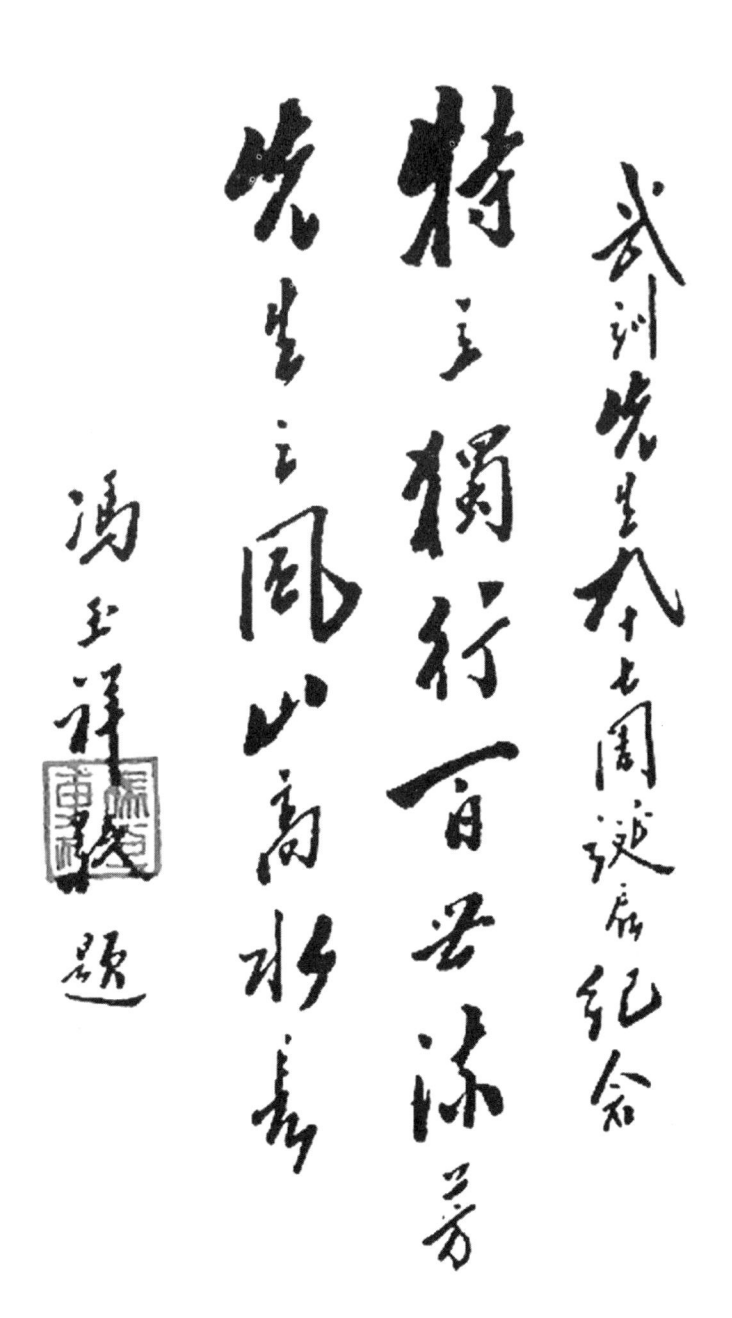

特立独行百世流芳
先生之风山高水长

冯玉祥题

冯玉祥题词

张学良题词

武训先生九十七週诞辰纪念

风兴百世

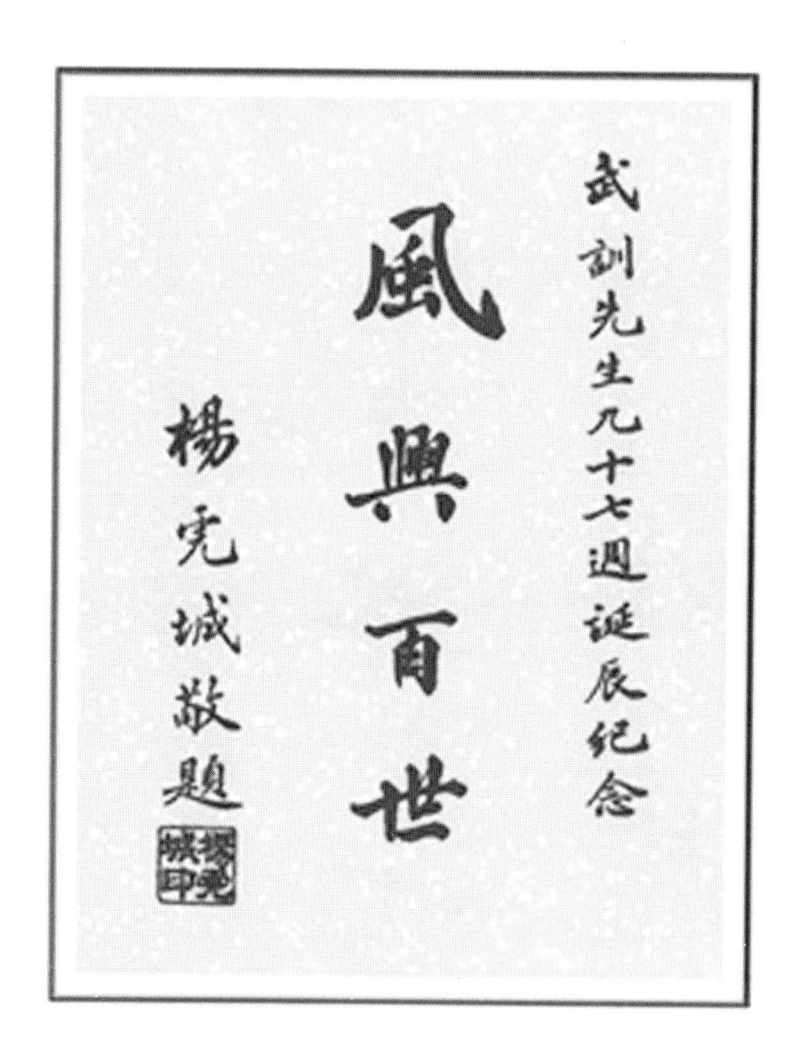

杨虎城敬题

杨虎城题词

武训先生纪念

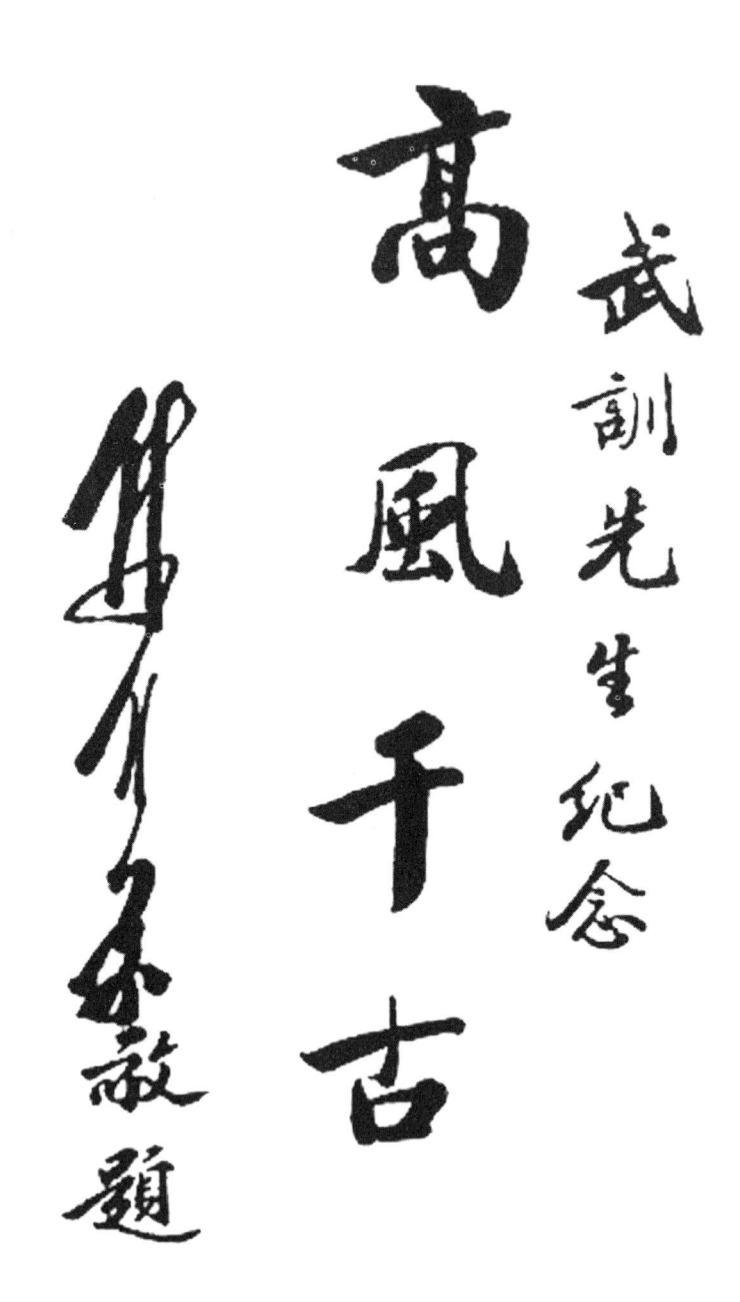

高风千古

傅作义敬题

傅作义题词

艰苦培材

林森

林森题词

武訓先生九十七周誕辰

匹夫而為百世師

于右任題

于右任题词

破钵石衲度春秋
心铁情痴乃众谋
今古完人能多少
何于一丐作苛求

山东堂邑柳林武训纪念堂

臧克家

臧克家题词

武訓先生贊

公本農傭 一丁不識 思設義學 菁莪培植
肩橐手鉢 迤為乞人 積歲累月 備歷艱辛
迨獲微貲 貯權子母 緡錢盈千 設學恐後
黌舍既建 絃歌興焉 衆高義行 聲譽斐然
行乞興學 吾魯增光 高風勵俗 百禩流芳

何思源 敬題

何思源题赞

三、楷模榜样昭后世

"忠厚传芳久,诗书继世长",这是中国传统家庭最推崇的家风、家训。武训一生兴学,没有成家,更没有留下后代。但是,作为一代奇丐、一代乡贤,他的精神却流芳久远,代代相传。在武训精神的众多继承者里,最著名的是陶行知、冯玉祥和何思源。

1891年10月18日,陶行知出生于中国安徽歙县的一个农民家庭。他自幼家贫,但是天资聪颖,喜好学习。邻村有一个教私塾的先生,认为这孩子长大后必定能成大事,于是就让他免费到学堂上课。有一天下大雪,陶行知赶到学校的时候先生已经开讲了,他硬是站在门外,专心致志地把课听完,这种学习精神感动了每一个人。但是,因为经济困难,陶行知有时需要典卖衣物,才能维持一日两餐,后来他不得不辍学。

陶行知

1906年传教士唐俊贤在歙县小北街兴办崇一学堂,发现了聪明勤奋的陶行知,让他免费入学,十五岁的陶行知才开始学习西方科学文化知识。陶行知自幼生活在中国社会的底层,对民间的疾苦有深切的感受。他尤其关注农村,立志为改变中国农村贫穷落后的面貌和农民受剥削压迫的悲惨处境而奋斗,在崇一学堂的时候,他就立下了誓言:"我是一个中国人,要为中国作出一些贡献来。"

1914年,陶行知以第一名的优异成绩毕业于金陵大学,毕业后赴美国留学。他一开始学习的是市政专业，后来觉得没有真正的大众教育，就不会有真正的新中国，于是进入哥伦比亚大学师范学院，转而学习教育专业，期望通过教育来救国救民。1917年，他学成归国，在船上和同学畅谈志愿，表示"要使全国人民都有受教育的机会"，并以此作为终生奋斗的目标。这样的想法和志向，与武训不谋而合，陶行知也很自然地把武训当作民办学校的开山祖师，并把自己当作武训的后继者。他写过一首歌词，《我们是武训的队伍》："我们是武训的队伍，我们是创造的好汉……只要是为苦孩子造福，我们讨饭也干，只要是为老百姓造福，我们吃草也干。"

陶行知深切地感受到，改造中国教育的根本问题在农村，要想普及教育，就要到农村去，开展乡村教育运动。但是，开展乡村教育并非易事，需要一批有志之士的共同奋斗，陶行知号召大家做"集体的新武训"。他在《新武训》里说道："武训之所以成为普及教育之义人，是因为他抱着兴义学之宗旨，用整个生命来贯彻它……中国不能等待数十年出一位武训，我们大家要合起来做集体的武训……我更希望有财富的，有学问的，有青春的，都做起新武训来，督促自己慷慨出钱，督促自己认真教人，督促自己努力求学，毋须别人来苦劝。这样教育不但容易普及，而真正自由平等幸福的新中国也可以创造成功了。"

为了建设一支合格的乡村教师队伍，1926年，陶行知和同道者们一起，在南京远郊一个偏僻的乡村晓庄，建立了一所师范学校，这就是后来驰名中外的晓庄师范。陶行知亲自担任校长，他脱去西装，穿上草鞋，跟学生们同吃同住同劳动，共同探索中国教育的新道路。1939年，他又在重庆附近创办了育才学校，专门招收家乡沦陷、失去父母的孩子，聘请大批专家学者担任教师，对学生因材施教，培养孩子们的救国思想、真才实学和创新能力。但是，陶行知的教育实践并没有得到支持，他只能靠社会力量、靠民间资助来维持学校费用和师生生活。为此，他节衣缩食，到处张罗,席不暇暖,备尝艰辛。他自己的稿费、讲演费甚至母亲去世后的保险金、当参政员的车马费全部用到教育事业上了。陶行知的上衣缝着两个大口袋,一个放公款,一个放私款,他外出募捐,只花私款,常常奔波一天,只吃两碗阳春面或菜粥,即使饥肠辘辘,也绝不动用一分一厘公款。

育才学校因为办学理念的不同,不但得不到政府的支持,而且经常遭遇各种阻力。1941年皖南事变后,育才学校更是遭到经济封锁,有人写恐吓信威胁募捐者"再敢向育才学校捐款,当心你们的小命",信里还附上子弹。再加上当时物价飞涨,育才学校的师生即使是一日两餐也难以为继。有人劝陶行知不要再办学了,但陶行知没有动摇。他号召全体师生咬紧牙关、共同奋斗,一定要把学校办下去,绝不半途而废。他对全体师生说:"从前有一个武训先生,他是一个乞丐,靠乞讨办了三所学校。而我是一个博士,生活条件比他好,难道连一所学校也不能维持吗?这样,怎么对得起小朋友?怎么对得起中华民族呢?"他提出:"本着立校颠扑不灭的教育理论,抱着武训先生牺牲自我之精神,并信赖着中华民族重视教育爱护真理之无可限量之热诚,我们知道就是比现在更困苦,也必定不是饥饿所能把我们拆散的。"在最困难的时候,武训兴办义学的忘我精神和顽强意志,是陶行知坚持办学的信心支撑、力量源泉。我们从两代人的办学历程中看到了一脉相承的精神传递。

陶行知始终坚持平民教育的办学方向,坚持发展乡村教育,这与武训兴学的道路是一样的。他在《我们的信条》中写道:"我们从事乡村教育的同志,要把我们整个的心献给我们三万万四千万的农民……我们要常常念着农民的痛苦,常常念着他们所想得到的幸福,我们必须有一个'农民甘苦化'的心,才配为农民服务,才配担负改造乡村生活的新使命。"在他所创办的晓庄师范、育才学校等校园里,始终坚持生活即教育、社会即学校、教学做合一的理念。学生们在老师们的带领下自己开荒、搭建茅屋,把文化知识和生活技能的学习结合在一起,使自己成为有农夫的技能、科学的头脑、改造社会精神的人才。这也是陶行知对武训精神的进一步发扬。

关于陶行知和武训的关系,冯玉祥先生看得最清楚,在1946年,他就送给陶行知一幅字:"古今两大叫花子,乞讨兴学救赤子,利他无我超孔子,祝君高寿一百儿。"

而冯玉祥更是武训精神的提倡者和武训事业的继承者。冯玉祥是安徽巢县(今巢湖市)人,中国现代史上著名的军事家和政治家。关于他的一生,周恩来总理在他六十岁诞辰时的贺词中概括得最精彩:"焕章(冯玉祥字焕章)先生六十岁,中华民国三十年。单就这三十年说,先生的丰功伟业,已举世闻名。自滦州起义起,中经反对帝制,讨伐张勋,推翻贿选,首都革命,五原誓师,参加北伐,直至张垣抗战,坚持御侮,在在表现出先生的革命精神。其中,尤以杀李彦青,赶走溥仪,骂汪精卫,反对投降,呼吁团结,致力联苏,更为人所不敢为,说人所不敢说,这正是先生的伟大处,也正是先生的成功处。"

冯玉祥

这位戎马一生的爱国将军,其实也是一位致力于国民教育和普及教育的教育家。1922年冯玉祥任河南督军的时候,曾颁布《治豫施政大纲》,其中就有"推行义务教育,以开智识"的措施。他设立专项教育资金,成立中州大学、第一女子中学等学校。任西北边防督办的时候,他委任沙明远设立西北大学,后因战事起而未能实现。他还在督办署设立平民教育处,在各地开设平民学校,由各机关职员担任教员,进行普及教育，专门教授已过入学年龄的老百姓。一时之间，包头、张家口的居民特别是中年人，学文化成为热潮，人数达数万之多。他还重视少数民族教育，在归化设五族学院，委任沙明远做校长，招收蒙古族、回族等各族学生，为西北开发培养人才。

武训诞辰九十七周年纪念日时，冯玉祥曾题词"特立独行百世流芳，先生之风山高水长"。他见到大会发行的《武训先生九七诞辰纪念册》等史料，深深感到：关于武训生平的文字，虽然"最早有贾品重的《墓志铭》，以及《清史稿》和《饮冰室文集》上的传略，后来零星的记事以及纪念的文字，或记述其言行，评论其人格，或发扬其精神，简直多不胜数，甚至还有小学教科书把他的故事编作教材，学校扮演为戏剧，青年作者敷衍成小说，仅我个人所见到的而言，就已不下百余篇，但是这些文章都只能在一地一隅或是极少数的一部分人之间流传。至于今日，除去山东而外，社会上已恐怕普遍不知道武训先生其人。更有进者，上述诸文有的虽出之名家手笔，但失之简略；有的掇拾零遗，不免附会讹传；有的则为要说得动人，不惜故意踵事增华。因此，我们对于这位千古奇人的生平事迹，反难见到翔实的一面。"于是，冯玉祥搜集资料，着手撰写《千古奇丐武训先生的生平》。他"特罗列各家传记，加以校对，参考当时各种奏章禀帖书表等，将传记中彼此出入之处，一一订正；又根据与先生同时的耆老口述、本地民间的传说，详为增补。综而合之，写成此文，以广传播，使社会人士认识其人"。冯玉祥1936年撰成《千古奇丐武训先生的生平》一书，他在序言中盛赞"武训先生终身行乞兴学，是我们教育史上一位奇特伟大的大人物"，称其为"千古奇丐"。全书洋洋一万五千余言，详细校对订正了之前关于武训的资料，实地考察了武训事迹，是目前研究武训生平比较可靠的资料之一，对宣传武训事迹、传播武训精神，起到了重要的推动作用。

冯玉祥还把武训精神进行了理论的总结和提升。1947年1月20日，天津《大公报》刊登了冯玉祥的《利他哲学浅释》。在文章中冯玉祥介绍说："我现在最先想起来的，是武训兴学的事。武训是清朝年间山东省堂邑县的人。……因为深深体验了不识字的苦，想到多少穷苦孩子没法子进学塾念书，所以发了愿心，坚决地要兴办义学，让穷孩子们念不花钱的书。他要饭，好的留起来卖钱，自己吃点糠秕。替人家做短工，得的钱也留起来。他一边要饭，一边还结麻绳，捡破烂东西，卖了钱也是留起来。他自己编些兴学的歌来唱；又竖蜻蜓，拿大顶，吃石头，吃蝎子，人家给了钱，也是留起来。总而言之，他想尽办法挣钱，慢慢挣多了，就跪着，交托一位商人去生利。用那利钱，请了一位先生，给穷苦孩子教书。……都要求他不要再讨饭，好好地享享清福罢，武训说：'我要饭兴学，是我的心愿。'"文章赞扬说："后来堂邑、临清、馆陶等好几县，义学林立，都是武训一手创办的。你看，一个要饭的，也做出这样伟大的利他的事业来。"

1932年至1935年，冯玉祥两度隐居在山东泰山。山东是武训的故乡，冯玉祥对武训的效法更为突出。他看到人杰地灵的泰山虽然是人文荟萃之地，但泰山附近的居民却都是艰苦度日的劳苦大众，孩子们入不起学校也读不起书，于是"心中想至少先办十个穷苦学校，以读不起书的人们的子女为准"，让泰山上的穷孩子们都能读书启智。冯玉祥聘请泰山名士范明枢任总校长，成立董事会，设立小学基金5000元，在绵延30里的泰山前麓村落中陆陆续续建成10所学校，修建了新校舍。这期间，冯玉祥看了临清画家赵望云的《武训行乞兴学图》，甚为感动，决心效法武训。1934年，纪念辛亥滦州起义的泰山革命烈士祠落成后，将学校正式命名为"泰山革命烈上祠纪念武训小学"。学校实行免费教育，强调"智、体、德"健全发展。学校自编教材，教学内容以宣传抗日爱国为主，教育学生自立、自爱、精忠报国；还设立木工、铁工等培训班，便于学生就业；同时，建立了图书馆、科学官、核桃园、苹果园、远思堂、望远斋等。后来武训小学逐步扩大为十五所（泰山疗养院院内一分校，女校，近贤村三分校，老君堂四分校，三合村韩家岭五分校，泰山卧龙峪六分校，北上高七分校，小张庄八分校，西王庄九分校，岱道庵十分校，黄山头十一分校，杜家庄十二分校，范家庄十三分校，香油湾十四分校，巢县十五分校），有教员31人，在校学生达800多人。

学校建成后，冯玉祥参加新校的开学典礼，经常到学校视察，与教师交谈，了解办学存在的困难与问题，并设法解决。还请赵望云为十余所武训小学绘制武训先生画像，裱好挂在各学校的教室里，激励学生认真学习。后来冯玉祥去南京后仍十分关心泰山武训小学的发展。1937年1月，冯玉祥接见校长范明枢时，告诫说："学生要学得能谋生活，而做一孝悌之良民；先生要请他们有忍耐性，有恒心、毅力，将来六年期满，送之求学，或给一年奖金。"

冯玉祥创办的这些学校，全部招收贫寒子弟，进行免费教育，对家庭特别困难的学生，还发放两到三个大洋的"煎饼费"。学生们统一发放校服，连笔墨纸张也由学校负担。在课堂上教育学生抗日爱国，提醒孩子们勿忘国耻。冯玉祥还编写了"武训小学学生问答"：

问：中国人多地广，为什么被日本欺负得猪不如，狗不如，连孙子也不如呢？

答：因为有人只知道保存自己的实力，不爱护国家。

问：怎么办才能收复失地为民族增光？

答：要虚心求学，要尊重有学识的人，要爱国爱民。

这样的学校，自然培养了大量的抗日精英。抗日战争爆发后，冯玉祥被调任第六战区司令，途经泰山的时候，从武训小学带了一批精明强干的年轻人奔赴前线，投身到了轰轰烈烈的抗日救国战争中。

冯玉祥总结创办义学的感受时说："武训本极易学而又极不易学。人生世上转眼过去，不可不努力于永久事业，不可不处处为人谋利益也。"

时至今日,韩家岭第五分校的旧址仍在。它由正房五间、西屋两间、东屋两间和一间没有带顶子的东屋组成。墙体由泰山石垒造,坚固结实,整个建筑显得古老而淳朴。院内有两个石碾、两个石桌,当年学生栽种的松树两株、杏树数棵,生长得十分茂盛。

冯玉祥出身贫寒,父亲是一名泥瓦匠。小时候他曾经在学塾里短暂学习过,对幼小的冯玉祥来说,这无疑是"天外的福音……充满着快乐和幸福"。他学习非常刻苦,买不起纸笔,就用一根细竹管,顶端扎上一束麻布,蘸着黄泥浆在方砖上练习楷书。因为环境所迫,他不得不结束了求学生活,仅仅在学校待了一年零三个月。但冯玉祥对此印象深刻:"一生永不再来的童年教育时期,便这样匆促地告终。然而这段生活,我却永远不能忘记。"这里既有对学校的无限留恋,也有无法求学的深刻痛苦。他十一岁就到军队里面混饭吃,以后完全靠自学成为学识渊博之人,在当时的军人中极其罕见。而他也说:"目前我们最大的任务,最有效的救国办法,就是力行普及教育,使每一个国民都有相当知识……要想国家现代化,人民非有足够的知识水准不可。"他以武训精神为榜样,尊重知识、尊重文化,但凡是到武训小学讲课的教师,他都非常尊敬,亲自端茶送水。他崇尚武训精神,即使在经济极为困难的时候,也坚持资助办学。他还以自己的亲身经历勉励学生们发奋读书,将来做国之栋梁。

与陶行知、冯玉祥的身体力行兴办义学不同,中国现代史上著名的教育家、爱国人士何思源最大的贡献不仅在于兴办义学,更在于对武训精神的弘扬。何思源是山东菏泽人,1928年至1944年,他一直担任山东省教育厅厅长,后来担任了两年山东省政府主席。在这段时间里,他为当时的山东教育事业发展做出了积极的贡献。利用武训提高教育地位,促进教育事业发展,就是他采取的重要措施之一。他与武训结下的不解之缘,对弘扬武训精神作出的重要努力,在鲁西乃至山东、全国都留下了令人难以忘怀的往事。

何思源出生于一个家道中落的家庭。他的父亲是光绪时期的秀才，为人耿直，不善逢迎，以教书、行医为生。何思源受家风影响，勤奋好学。他考入北京大学后，又出国留学多年，深受中国传统文化与西方文化的影响。在中学，受老同盟会会员、维新志士王鸿一等的影响，他接受了革命思想和科学知识。在北京大学学习期间，他受到蔡元培"兼容并包"、思想自由的影响，不仅积极参与

何思源

五四运动，而且使得各科知识都获得了迅速的增长。他精通英语，学会了法语，通读了大量西方原版的学术著作，逐渐形成了教育救国的思想。在他看来，要想改变国家的命运和个人的命运，一个重要的办法，就是通过教育，提高人们的素质，提高人们的认识水平，达到教育救国的目的。他的女儿何鲁丽曾经指出："父亲何思源一生热爱祖国，爱护百姓。"又说："父亲何思源尊师重教。他在任山东省教育厅厅长十余年中，不管省政府其他官员如何反对，他总是千方百计地多给教育投入。他认为，教育是关系着一个国家、一个民族兴衰的大事情，必须重视。"

当时，教育救国的思想在一些平民教育家和爱国人士中有很大的影响。在他们看来，旧中国之所以落后了，之所以遭受帝国主义、封建主义的双重压迫与剥削，在很大程度上，是因为中国的教育太落后了。要使中国富强起来，不受帝国主义、封建主义的双重压迫与剥削，关键一点，就是要兴办教育，通过大办教育来提高国民的素质，增强我们国家的国力。

受教育救国思想的影响，何思源形成和提出了他的"求生"教育思想。在这一思想指导下，他采取多种措施，整顿和发展了山东的教育事业，使之比过去任何一个时期都有较大的发展。但就当时的山东省整体情况来看，山东省的教育事业仍然根本不受重视，教育经费毫无保障，经济拮据、教育经费被侵吞挪用的现象时有发生，因而存在着师资水平不高、学校数量日益减少、学龄儿童失学率逐渐上升、教学内容陈旧、教育方式落后等状况。而利用武训、研究武训就成为他提高教育地位、促进山东教育事业发展的重大举措之一。

何思源出任山东省教育厅厅长之后，他首先想到的是如何办好山东的教育事业。正在这时，一位友人送他一本武训兴学的书籍，这引起他极大的兴趣。于是，他决定到鲁西了解有关武训兴学的实际情况。他认识到扩大武训的影响，肯定会起到推进山东教育发展的作用。从此，开始了他所领导的武训纪念活动。在长达十几年的时间里，他组织了一系列的武训纪念活动，达到了发扬武训精神、促进教育事业发展的目的。

1928年，他当教育厅厅长不久，就专程到鲁西，视察武训生前所办的三所小学。之后，他决定印刷《武训传记》和武训画像，在全国范围内广为散发。之后，他又利用学校、课本、报纸、杂志、社会民教及其他文化机构，大力宣传武训精神，宣传武训的行乞兴学。以学校和课本来论，当时在山东可以使三万多所中小学的一百四十多万学生在短时间内受到武训精神的教育，这样，就把一个死武训变成了许多活武训。这对办好山东的教育有着重大的意义。

在当时的山东，办教育的人处处受到歧视，省教育厅、县教育科被视为可有可无的机关，从事教育工作的人被视为无关轻重的人。在这种情况下，何思源利用武训精神，既可以提高教育界的地位，支持山东教育事业的发展，对山东的广大教育同人给以很大的安慰和鼓励，同时也能鼓励广大学生用功学习，成人成才。

1934年12月5日,是武训诞辰九十七周年纪念日。为更好地利用武训精神来办好山东的教育事业,何思源主持组织了一场声势浩大的武训纪念活动。为搞好这次活动,他先将《武训传》及武训画像翻印出来,分发至全省各地、各学校,通令全省各学校,将武训生平事迹写入中学教材,将武训故事列入小学课本;又令全省各民众教育机关加紧进行武训精神的宣传,预备在临清召开一个扩大的武训纪念会。同时,他又在河北房县(今北京房山区)购到一块汉白玉,请人为武训塑像。他一面用山东省政府的名义致电教育部及全国各界名人,征求匾额赞词等,一面通知鲁西北20余县的学校、教育机关、县、区、乡、镇主管及地方乡绅、名流届时参加大会。会议这天,他到临清主持了大会,发表了《知识就是力量》的讲话,还为武训像举行了揭幕典礼。按照传统习惯,还义务演了好几天戏,使这次活动举办得有声有色。会后,出版了大型纪念集《武训先生九七诞辰纪念册》,他为纪念册题签,还为纪念册题写了《武训先生赞》。这次活动是有关武训的空前重大的活动,这本纪念册也是有关武训的大型资料书。这次活动,实际上是一次把武训推向全国的活动。

除了陶行知、冯玉祥、何思源,用自己的行动践行武训精神的人层出不穷。

王丕显,山东临清人,武训生前为临清御史巷义塾聘请的老师,后来义塾改制为现代小学,王丕显任校长。他在这所学校服务三十六年,处处以"武训第二"来勉励自己。他任职期间完全是义务教学,后来校董会看他年事已高实在清苦,就每月发他十元生活费。他只留四元,六元捐给学校,从1921年到1932年捐了十一年。他栉风沐雨,到处募捐,先后为学校募得捐款三万多元,全部投入学校建设,学校规模越来越大。

据有关史料记载,王丕显肩承遗业、鞠躬尽瘁,学校更新、教育振兴,学生数百、良师云集,基金及万、学田四顷。毕业该校者千余人,人才蔚起，民智大开；升入大学者三四十名，服务社会，利国利民。时任教育厅厅长何思源颁发匾额，文曰"热心教育"；教育部部长朱家骅颁发三等奖状，以示嘉奖。王丕显任职期间，不仅校舍大为改观，而且还以武训精神教育学生，学校形成了良好的风气。据学生回忆，当时学校的风气有四个特点：一是学习用功，二是爱惜校产，三是热爱清洁，四是生活简朴。王丕显可以说全面承继了武训精神，并将它在学校里发扬光大。

张謇，江苏通州（今南通）人，清末甲午年间的状元，近代著名实业家、教育家。张謇一生笃信实业兴国、教育兴国，并终生为其奋斗，因而被誉为"状元资本家"。光绪末年，他就在家乡通州兴办学堂，每次开学必对学生演讲，演讲必讲武训事迹。说武训是"中国世界极光明极伟大之叫花子……可当绝世大人物"。他推崇武训"六州万国之教育者，皆当崇奉者也"，告诫师生们向武训学习，以武训精神勉励自己，"心目梦寐中当常悬一叫花子武训"。张謇一生广设学校，普及国民教育，极力提倡"坚苦自立，忠实不欺"，因此，他把武训引为同道，精神上有共鸣，行动上也非常相似。他还专门写了《通州师范学校演说山东义丐武训事》，文中满怀激情地讲述了武训行乞兴学的业绩，要求学生走上社会后要以武训精神勉励自己。

陈经畬，江苏人，早年间在《申报》上看到武训先生的事迹，深受感动，景慕武训先生为人。后来他终于找机会来到临清，还得到王丕显赠送的武训传略方面的书。后来他通过自己的捐助和募捐，在家乡宿迁创办了一所小学。他在募捐的启事上写道："武训先生是一没饭吃未受教育之人，竟知教育为救国要道，手创三校。吾人既受相当之教育，且得温饱，而现在国势，较武训先生时代，更为危机，教育尤为救国根本大计，竭力提倡，诚不容缓。"他认为："国难严重时期，我更觉得人人都要来学武训先生刻苦利人的精神……全国一致，奋发图存，才可以挽回国难，也才是武训先生的精神。"

段承泽，河北定县（今河北定州市）人，也是一位力倡教育的军人。他曾经驻军泰安，听说了武训的事迹，深受感动，从此成了武训的崇拜者。1933年，黄河泛滥，他将灾民迁移到包头垦荒，进行集体生活和集体生产，并在包头开办新村武训小学，让垦农的子弟全部入学。后来他又陆续创办了二十余所武训小学。他还在繁忙的公务和军务中，挤出时间，用了十年的时间，编成《武训画传注文》，将武训精神广为宣传。

这些人虽然出身、地位各不相同，办学动机各异，经历各异，但他们都以武训为榜样，将自己的事业与武训紧紧联系在一起，身体力行，推广宣传，力倡普及教育、平民教育，将武训精神发扬光大。

一、武训精神的内涵

前文说过，武训生活在一个变革的时代，武训精神也是一个复合体，是多元性的，具有丰富的历史内涵。它既包含着中华民族某些传统的精神要素，还包含着他受到所处时代的多种社会思潮辐射后新注入的某些精神要素。就是说，在武训一人身上，熔铸了历史的、时代的、阶级的、民族的多种思想要素。

所谓"武训精神"，就是指他通过苦行奇操的行为方式筹集资金为穷人子弟兴办义学的精神，这是武训思想性格的本质反映。分解开来看，"苦行奇操""筹集资金""为穷人子弟""兴办义学"，都是武训精神复合体中的必要因素，不可或缺。其内涵包含四个方面：第一是"修义学为贫寒"的服务理念。"修义学"是武训精神的中心，"为贫寒"是其价值观念。让贫寒的孩子能上学识字，这不论过去还是现在都是可贵的服务理念。第二是"舍己苦行为群众"的牺牲精神。为兴学，他吃尽人间各种苦头，行乞三十年。他没有利己的杂念，一生忍辱负重，全身心地投入到兴学事业上，有一种"我不下地狱，谁下地狱"的殉道者精神。第三是尊师爱生的博爱情怀。他深知教师的可贵，不惜跪聘名师，遇到教师懒散时又下跪乞求教师搞好工作。他关爱学生，经常检查学生的作业，遇有懒散者便乞求学生用功学习。第四是对事业矢志不渝的高尚品格。在历史上，办教育历来是艰难而清贫的一项事业，武训办义学的艰难可以说达到了极点。武训面对艰难困苦，没有退却，没有后悔，鞠躬尽瘁，死而后已，表现了崇高的敬业精神和道德品格。

武训以他自己特有的精神及由此导向的独特的行为方式，奠定了他平民改良主义者的历史身份。武训精神的特定内涵，使他与其他时代和阶层的教育家区别开来，显示了他鲜明的个性。

自武训去世以来，对武训精神的阐释和探讨就没有停止过。如多家报刊都登载过纪念武训的文章，大都对武训精神进行了阐述。如李公朴先生称武训为"现代的圣人"；郭沫若先生称武训是真正做到了"博施于民而能济众"；黄炎培先生认为武训的精神就是从一个"情"字出发，"世界上只有深于情的人，会因为自己的痛苦，想到人们的痛苦……武训先生就是为了自己的苦痛，想到人们的苦痛，更为了想要免去人们的苦痛，而不惜自己身受终生苦痛的一个人"；敬幼如先生将武训视为"新时代英雄之一"，并把武训的伟大之处归纳为两点：一是"他做大事的精神，为人类谋幸福的精神"，二是"他有百折不回贯穿始终的精神"。

但是，这些解释和探讨多是在各类纪念活动中进行的，不够系统，比较系统阐释武训精神的第一人，是陶行知先生。他对武训精神的阐释有两个方面：一方面，他把武训树立为人人可以学习的榜样，而不是仅供人们膜拜的圣人，因为"中华民族需要千千万万个武训一样的人，去继续为穷人的教育事业奋斗"。他认为武训不是特异之人，而是一个平常的老百姓，"他们认错了武训先生，画了一个'苦行'的圈子，让武训先生站在里面，使一切进步的青年望而生畏，连武训先生对于启蒙运动的宝贵贡献也一同封锁在'苦行'圈里，拒人于千里之外"。甚至他也不是一个苦行者，因为"他是抱着一件大事，高高兴兴地干，把一些私人的小小的痛苦都忘掉了"。陶行知也不认为武训是个圣人，而只是一位"平凡而伟大的老百姓"。陶行知这么阐释，是想把武训从圣人的小圈子里解

蔡元培《武训先生提醒我们》文稿

放出来，让他成为人人都能够效仿的榜样，"飞到每个中国人的怀抱里去"。另一方面，他把武训精神进行了条分缕析的归纳，"我常说武训先生的精神，可以用'三个无，四个有'来表现它。他一无钱，二无靠山，三无学校教育，但他所以能办三个学校，是因为他的四个有：一、他有合于大众需要的宏愿；二、他有合于自己能力的办法；三、他有公私分明的廉洁；四、他有尽其在我、坚持到底的决心。因为他有这四个法宝，他不但以一个乞丐的身份办了三所学校，而且他的三个学校经过千灾万难还一直存在到现在，而且还会存在于无限之将来，而且还会于不知不觉之中影响、改变千千万万有志之士，跳出自己之小圈子而致力于大群之幸福"。

二、武训精神之价值

从我们今天的眼光看，武训精神具有两个方面，一是传统的方面，二是现代的方面。武训精神与中华民族某些优秀传统性格一脉相承。

武训精神是一个复杂的实体，旧时代官吏曾从孔孟之道去发掘寻求，虽然是为了他们的政治和宣传的需要，但并非水中捞月、无中生有，在武训精神上确实打着深深的儒家思想的痕迹。即使陶行知总结的武训精神，也隐约可见儒家思想所派生出的脉络。武训精神与中国传统文化有密不可分的渊源关系，它是集中了传统文化（包括儒家思想）的重要优秀部分并加以强化构成的一种精神。

第一是强烈的社会责任感。终生行乞办学，反映了武训强烈的社会责任感。这种强烈的社会责任感是和儒家的入世思想紧密相连的。以儒家思想为主导的中国传统文化，从孔孟到宋明理学，其主流都是为兴邦治国、化民成俗的经世致用之学。这种"经世致用"的传统，在中国悠久的历史上，经常起着进步作用，并且感染、教育和熏陶了不少仁人志士。

像范仲淹的"先天下之忧而忧，后天下之乐而乐"，张载的"民吾同胞，物吾与也"，顾炎武的"天下兴亡，匹夫有责"，王夫之的"六经责我开生面，七尺从天乞活埋"，等等，至今仍闪烁着光华。鲁迅说："我们自古以来，就有埋头苦干的人，有拼命硬干的人，有为民请命的人，有舍身求法的人，……虽是等于为帝王将相作家谱的所谓'正史'，也往往掩不住他们的光耀，这就是中国的脊梁。"（《且介亭杂文·中国人失掉自信力了吗？》）"中国的脊梁"无不是那些具有强烈社会责任感的人杰鬼雄。在传统文化熏陶下的武训，虽然没有做出惊天动地的大事业，但是，他却在备受压迫、剥削和欺骗的痛苦生活经历中，悟出了一个"没有文化受人欺"的道理，从而受社会责任的驱使，喊出了"办个义学为贫寒"的响亮口号，并为此忍辱含垢，奋斗终生。武训的呼声和行动，正反映了当时农民在文化上的需求。

武训强烈的社会责任感又有其个性特点。首先，他和中国历史上的贤臣良将、志士文人不同，也和除暴安良、仗义疏财的英雄豪杰有异，因为他们或有钱有势，或有影响有地位，或有一技之长，入世和"博得青史留名"是同步的。他们或许不重利，但对流芳百世无不有着执念。而武训身为乞丐，处在社会最底层，只靠一囊一钵、一砖一瓦积累资金，办成义学，压根儿就没想到光宗耀祖，彪炳史册。相反，他视荣誉为粪土。这种精神境界，在封建社会里一般达官贵人是难以理解的，也是达不到的。从这种意义上说，武训才是"中国的脊梁"。其次，在人生舞台上，武训不是以居高临下的姿态出现反而是以丑角的身份出场的，透过他那种种令人心酸落泪的"滑稽"表演，可以透彻地看到蕴藏着的强烈的社会责任心。有人说，武训是"苦行僧"。其实，佛教、基督教宣传的是要人们甘心忍受今世之苦，把人们的希望寄托于虚幻的彼岸世界；武训也甘心忍受现世的常人难以忍受的痛苦，但他的目的却是要人们学到知识，去把握现世的人生。二者一个出世，一个入世，形似而神异。所以，欧洲人称武训为古今罕有的"无声教育家"。

第二是舍生取义的高尚节操。"义"是具有中国传统的道德规范，是儒家伦理思想的重要内容。孔子认为"义"即是道德，即是善，所以他特别重视"义"。他认为君子为人要以义为本，义利关系上，要行义不顾利害，求利不害行义。"志士仁人，无求生以害仁，有杀身以成仁"，即使求仁的结果给自己带来杀身之祸，那也不应该动摇求仁的初衷，唯一正确的选择是"杀身成仁""舍生取义"。对于富贵，孔子的态度也是首先考虑它是否合乎"义"，他说："饭疏食饮水，曲肱而枕之，乐亦在其中矣。不义而富且贵，于我如浮云。"合于道义的生活，即使贫贱，吃粗粮，喝冷水，枕胳膊睡觉，也感到快乐。不合道义而得到的富贵，像过往的浮云，不值一顾。儒家思想肯定了生命的价值，也肯定了道德的价值，并认为道德价值高于生命价值，在二者发生矛盾时，应以道德价值为先。这种道德观对后世影响深远，许多"民族的脊梁"都从这里汲取了积极的思想营养。武训精神中也毫不例外地蕴含了儒家传统伦理思想。武训无时无地不在宣传"义"学就是明证。在他反复咏唱的三十余首歌谣中，就其内容讲，都是围绕一个主题——"修义学"，就其形式看，其中有二十三首出现"义学"字样。武训把为穷孩子兴办学校看成是高尚的义的行为，把对兴学有利还是无利当作衡量义与不义的唯一标准。由此出发，武训形成了自己独特的义利观。在生活问题上，他乐意褴褛蔽骸，以身代畜，甘食糠秕，过非人的生活，因为"吃好的，不算好，修个义学才算好"。在婚姻问题上，按封建礼教的说法，"不孝有三，无后为大"，而武训却终身不娶，因为娶妻、生子要花钱，于兴学不利，所以"不娶妻，不生子，修个义学才无私"。在处理人与人之间的关系上，即使是亲友做了有害于办义学的事情，他也毫不姑息。他的兄长租种了为办义学而买下的土地，却不愿缴纳租金，武训不顾兄弟情面，毅然收回耕地租给别人。相反，他却对素不相识的女子陈氏割股肉以奉其婆母的行为大加赞扬，并慷慨解囊赠良田十亩。武训这种舍生取义、无私奉献的精神，正是民族精神的具体反映。

第三是坚韧不拔的毅力。坚韧不拔是中国传统文化的基本精神。这种精神具有一定的主体意识。在阶级压迫和民族侵略异常严重的近代史上，除在轰轰烈烈的场面中表现出抗争的勇气和力量之外，更多的则表现为深沉的战斗、坚韧的探索和持久的忍耐。"愚公移山"的寓言所弘扬的愚公精神，正是中华民族精神的生动写照，它永远是鼓舞中国人民奋发图强、自立于世界民族之林的强大精神动力。武训也可以说是中国教育史上的"愚公"。他三十年如一日，终生不改其兴义学之志，身无分文，靠乞讨出苦力，竟一分一文积攒起几千银两，办起三所义学，这是愚公精神具体而生动的体现。他在事业成功之前所受到的磨难和挫折、讽刺和嘲弄，是常人难以想象的，但武训所表现出的毅力和耐性，也是一般人难以做到的。比如在乞讨期间，经常受到人们的冷眼和唾骂，但武训却不动气，不灰心，反复唱道："不强要，不强化，不用生气，不用害怕。俺化缘，你行善，大家修个义学院。"一分一文赚来的钱，慢慢积少成多。在有了一个可观的数目时，他想到恳求财主富户代为存放生息，遭到的却是鄙视和嘲笑，但武训并不在乎，继续跪求他人帮助。有一次，他把赚得的钱在一个商人处存放，当武训去索取时，商人拒不认账，并以恶语相恐吓。他自认晦气，但办义学的决心从未动摇。当钱积累到一个相当大的数目时，为了请乡绅出面筹备义学，竟在人家门前跪了三四日。义学教师也是由他本人登门跪请来的。武训为了办义学，百折不挠地为之奋斗了一生。临清士绅评论说："三处义学积蓄虽多，不肯妄费一文以奉己，稍私一文以养家。伏思：富厚之家乐施固所常有，乞讨之子好善实出万难，况五十余年始终不怠。问之常人，固属不能，即有义士为善，一时则有余，为善终身则不足。此固千秋之罕闻，诚一世之奇士也。"此论道出了武训志愿既定，终生不变的坚强毅力。

第四是武训思想中有现代思想的新元素。武训精神系统中,还包含一种新的历史要求,这就是他的为穷人子弟创造受教育机会的愿望,他要通过掌握文化使穷人摆脱苦难。这种新的精神要求,具有强大的生命力,这种新的社会理想,体现了平民阶级要求变革的时代精神。

武训的奉献,不是只关注自己的一家一姓,而是心怀天下,有着超越血缘关系的付出。"补缕絮,把腰扎,修个义学为众家。""人过七十古来稀,五十来岁不娶妻,亲戚朋友断个净,临死落个义学症。""路死路埋,街死街埋,天地就是棺材。"一般义学都是为家族子弟,他的义学里的学童,跟他却毫无血缘关系。甚至为了义学,他与母亲和哥哥的关系一度紧张。这是一种为了普及劳苦大众的教育而无私奉献的精神。这种精神需要树立符合大众利益的崇高理想,需要切实可行的办法,需要坚持到底的勇气和毅力,需要廉洁奉公、公而忘私的牺牲精神。毋庸置疑,这种精神既是伟大的,又是平凡的。

武训这样的行动,打破了传统的宗法观念。在中国封建社会中,"君君,臣臣,父父,子子"是绝对不可违犯的神圣条律,而家族血缘关系则是它的出发点和目的。这种观念认为,"孝悌"是立国立身之本。因此,不仅不能破坏家族关系,就是不能保持它的延续也是一种罪过,所以有"不孝有三,无后为大"之说。由于亲子观念的根深蒂固,即使在最贫穷、最下层的民众中,人们的血缘感、家族感也是非常强烈的,所谓"打虎还靠亲兄弟,上阵全凭父子兵"即通俗地说明了这一点。亲子观念在过去两千多年中对封建社会的等级关系和尊卑秩序起到了稳定作用,但是到了近代,西方新思想的注入引起了社会的巨大变革,也破坏了传统的以家族血缘为基础的宗法观念。武训虽然只是一个地位卑贱、文化水平低下的乞丐,但他却用自身行动对传统的宗法观念提出了挑战。

人们常常把武训与西方的"教圣""平民教育之父"裴斯泰洛齐相提

并论，也是因为武训精神中不仅有中华传统元素，而且有现代教育理念的雏形。

裴斯泰洛齐略早于武训，是欧洲由传统社会向工业社会转型时期的"近代教育理论和近代义务初等教育的奠基之父"，一生从事平民教育及教育改革试验。裴斯泰洛齐出生在瑞士苏黎世，当时，瑞士各州都有了教育法，建立了小学和州立中学，还改建和新建了大学。但是，这些学校局限于城市，广大农村的教育仍旧控制在教会手中。裴斯泰洛齐的祖父是个乡村牧师，父亲是个新教外科医生，母亲出生于一个农民家庭。这样的家庭背景激励他自觉地以提高底层农民的受教育水平为自己的使命。他矢志改革传统教育和社会现状，以解救贫苦的人们为己任，深信每个人都有平等的受教育的权利。

他买了一座农庄，并将之建成一座贫困孩子的教养院。在那里他与孩子们吃住在一起，一边劳动一边读书，使学校成为一个生产单位，自己解决教学经费。他根据这段经验，撰写了《一名隐士的晚间沉思》，并提出了要素教育理论。1798年法国入侵瑞士，战争带来许多丧失父母的流浪儿，裴斯泰洛齐把他们收拢在一个荒废的修道院，尽其所能来关照、感化他们。一年后，他又设立了一所公立学校，正式开始了他的初等教育改革试验，辛勤而平静地为学院的事业奋斗了二十年，获得了巨大的成功，轰动了整个欧洲，各国来参观的教育代表团和著名人士络绎不绝，其中包括德国著名教育家赫尔巴特和福禄培尔。这所学校标志着欧洲近代教育的开始。

裴斯泰洛齐也有一颗伟大、慈爱的心，他早在幼年时期就已经具有慈爱、信任、克己、无私的优良品质。九岁以后，居住在乡村教区的祖父又让他了解了附近农民的贫困处境，城乡豪富和赤贫的反差让裴斯泰洛齐心疼、震惊。于是他暗下决心，立志"拯救贫苦民众，消除苦难的根源"。虔诚的爱心给了裴斯泰洛齐改变社会的力量，他把整个时间和全部精力都献给了儿童。裴斯泰洛齐不仅站在课堂前授课，而且给孩子们以心灵的培养和人格的启发。

裴斯泰洛齐是新兴的近代资产阶级知识分子的先进代表，他的事业有着较好的社会条件和政治环境。武训毕竟不能超越时代而不受其农民的主观条件和清末客观社会历史条件的限制。然而，恰恰因为这一点，更衬托出武训的高大，展现出他所代表的中国农民和中华民族勇敢、耐劳、刻苦的精神。

武训其人其事旷古未有，而"武训精神"尤其难得。出版家、教育家舒新城对武训在教育史上的地位作出了比较全面、集中的概括，认为"就武训先生生平的行为和志愿来看，他不但是教育史上一个空前或许绝后的人物而已，即在哲学史上及社会思想史上也是一个空前或许绝后的人物"，"他不仅是一个教育家，而且是宗教家、社会主义者和哲学家"，他舍己为群、改善世界、苦行求真、同情贫苦。武训不仅与中国先贤比肩，而且也与希腊哲人苏格拉底、瑞士大教育家裴斯泰洛齐等国外名流的"行谊暗暗相合"。

纪念武训的匾额

三、继承武训精神

武训是一个值得学习的人物。武训是中国两千年封建历史中唯一一个被收入正史的乞丐，武训精神更是中国精神文化的标记，从而使武训成为中国优秀乡贤的代表。

时光转瞬即逝，武训生活的年代距我们已很遥远，可当今教育资源紧缺、教育不公平的话题仍然能够"一石激起千层浪"。尽管两千多年前的孔子曾鲜明地提出过"有教无类"的主张，可让人人平等地享有受教育的权利，迄今为止一直是整个中华民族孜孜以求的目标。

教育乃民生之基础，"教育兴则百业兴"早已成为共识。但兼顾各类人群的教育公平、追求义务教育的均衡发展，对于我们这个十三亿多人口的发展中国家来说，难度仍然巨大。尽管国家在努力地进行教育体制改革，不断加大对义务教育的投入，减免部分贫困学生的教育费用，治理教育领域乱收费现象，但每年仍然有一部分学生因为家庭贫困等原因，面临着失学的危险。这也让我们更加清醒地意识到，在国家尚不富裕，财力、资源有限的前提下，仅靠国家的力量要办好教育是远远不够的。我们需要动员社会上一切能动员的力量，形成全民办学、全民办教育的氛围。试想，武训，一个身无分文的乞丐，都能凭借着自己的双手，在那个动乱的年代积累办学资金达万贯之多。那么，今天已逐步富裕起来的国人，如果都能推己及彼，慷慨解囊，举全社会的力量为之，教育事业怎能不兴旺发达？

教育是推动社会进步的无形之手。人类社会的发展证明，教育是人才的保证，人才是社会发展的根本。只有以教育为立国之本、强国之路，优先发展教育，大力发展教育，形成发展教育、培养人才、富强国家的良性循环，才能真正有效地、合理地、健康地推进社会发展和人类进步。建设现代化的中国离不开教育。普及教育，提高全民文化素质，已经成为关乎民族发展、国家富强的头等大事。在目前国家财力有限、教育经费不足的情况下，如何唤起全民教育意识，发动社会力量办教育，是目前我国教育界亟待解决的问题之一。此时我们重谈武训和"武训精神"，一是希冀唤起全社会对教育事业的重视。教育界迫切需要得到全社会的关心、赞助。目前，社会对知识、对文化的关注，与中国社会日新月异的发展还不相称。二是呼唤有识之士挺身而出，效仿武训，

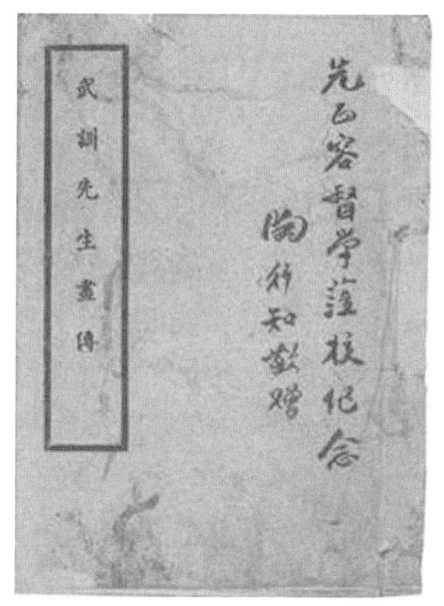

陶行知题赠《武训先生画传》

《武训先生兴学始末》（北平武训小学招生广告）

精刻木版《兴学创闻》，此书内容为武训乞讨办学的介绍，1905年刻本。道德贫民第一游行教育馆编辑，版刻精良，有插图式木版连环画和武训兴学俗话唱本，山东木版

超越武训。我们不但要用文字来赞扬武训，更要用实际行动去追随武训。

今天我们把武训作为乡贤的代表人物，对武训和"武训精神"进行纪念，为的是今天我们中国的教育事业——全民教育、普及教育和平民教育。武训不仅值得近现代的中国教育家效仿，而且也是新时代教育家的典范，今天的教育事业同样需要"武训精神"。武训和"武训精神"是我们民族的精神瑰宝，值得永远传扬！

清史稿　孝义三　武训传

武训，山东堂邑人。乞者也，初无名，以其第，曰武七。七孤贫，从母乞于市，得钱必市甘旨奉母。母既丧，稍长，且佣且乞。自恨不识字，誓积资设义学，以所得钱寄富家，权子母，积三十年，得田二百三十亩有奇，乞如故。蓝缕蔽骭，昼乞而夜织。或劝其娶，七谢之。又数年，设义塾柳林庄，筑塾费钱四千余缗，尽出所积田以资塾。塾为二级，曰蒙学，曰经学。开塾日，七先拜塾师，次遍拜诸生，具盛馔飨师，七屏立门外，俟宴罢，啜其余。曰："我乞者，不敢与师抗礼也！"常往来塾中，值师昼寝，默跪榻前，师觉惊起；遇学生游戏，亦如之。师生相诫勉。于学有不谨者，七闻之，泣且劝。有司旌其勤，名之曰训。尝至馆陶，僧了证设塾鸦儿庄（杨二庄之转音），资不足，出钱数百缗助其成。复积金千余，建义塾临清，皆以其姓名名焉。县有嫠张陈氏，家贫，刲肉以奉姑，训予田十亩助其养。遇孤寒，辄假以钱，终身不取，亦不告人。光绪二十二年，殁临清义塾庑下，年五十九。病革，闻诸生诵读声，犹张目而笑。县人感其义，镌像于石，归田四十亩，以其从子奉祀。山东巡抚张曜、袁树勋先后疏请旌，祀孝义祠。

武训兴学碑文

赵局度

世之立大志成大事者，惟持此至诚无妄而已。故诚之至者，始终不渝，心口如一，艰难不改其操，险阻不移其虑，视家室如浮云，置后嗣于度外。盖志之所在，而有专注；而所志之外，皆心之所不存也。孔子云"匹夫不可夺志"，至哉圣言。今乃于武训见之矣。

武训者，山东堂邑县武家庄人也。生于前清道光十八年，自幼笃实，不与俗同，惟慕义学若有癖焉。虽贫无立锥，尝以修义学、育人才为己任。乡人咸轻之，戏呼为傻七、豆沫、义学症，武公居其名而不辞焉。孑然一身，独行踽踽，充饥则赖乞食，积财则赖佣工。得钱成串，则跪求富家为之放债生息，以备修学之用。肩挑二小篓：一篓贮行佣器具；一篓贮债簿，而裹一油布。盖放债则跪求人写于簿内，以油布裹簿，恐道途雨沾湿也。恒剃发如浮屠状，惟留额角一片，如桃许大，或左或右，剃留不定。或问之，则曰："这边剃，那边留，修个义学不犯愁。"积钱渐多，不置产业，或劝之成室，则曰："不娶妻，不生子，修个义学才无私。"行佣则柔和从事，人戏之、侮之，亦不羞不怒。苦心孤诣，历数十年而不懈，而所积之财已巨万有余矣。跪求士绅，为修义学三处：一立于堂邑之柳林东门外，费钱九千余缗；一立于馆陶之杨二庄，费钱五千余缗；一立于临清之御史巷，费钱三千余缗。三学院立而武公之肩稍息矣。久之，幽光必发。山东巡抚勤果公耳其名而异之，据实奏明，宣付史馆立传，并赐匾额，嗣经梁公启超载入《饮冰室文集》，学部编入教科书，从此声价日增。志尚未已，而劳瘁已不堪矣。光绪二十二年四月，卒于临清钞关街施君宅中（编者注：一说逝于临清御史巷义学），春秋五十有九。其侄克信迎丧归葬，翛然无累，如禅家之圆寂焉。

夫无色声香味触法，此禅家之远六尘也；武公则疏食敝衣、无妻无子，此其如来之后身欤？夫与物无竞，崇尚柔道，此老氏之三昧也；武公则淡泊自甘、戏侮不较，此其仙人之流亚欤？至于学校成立，弦歌向化，其有功于圣教为何如也？嗟乎！武公一身负荷三教，此岂俗人所能为者哉？！

武公殁后，校长王君丕显见校舍粗具，学款无几，与绅董议定，劝募增修，以垂久远。而当今之士大夫与庶民以及环球之义士，一闻武公之风，莫不心悦诚服，慷慨捐资，共襄盛举。非武公之至诚感动，奚以至此耶？今既蒙众善赞助，遂使学址开阔，校舍完备，学子加多，学款充裕，而武公之学校永垂不朽矣。兹者建筑既竣，贞珉将刻，校长王君嘱予作文以记之。予自愧学疏才浅，勉从所嘱，敬述其绩，复作歌以寄仰止。其词曰：

天地有异人，钟毓出山东。有清三百载，季年生武公。
自小储大志，立愿修学官。身孤心弥壮，命薄志不穷。
谋生赖乞食，积财凭佣工。家室置以外，妻子付虚空。
六尘既不染，禅家旨趣同。立身尚柔道，老氏理暗通。
修学崇圣教，广施化育功。嗟彼一篓子，三教在尔躬。
幽光必宣发，官民仰休风。环球同向善，学界拓恢宏。
寄语后学士，莫忘主人翁。

载《武训先生九七诞辰纪念册》

临清武训学校募捐启

（一九二八年八月）

蔡元培

堂邑武训行乞兴学，为举世所信仰景慕者，垂数十年，其盛德懿行，载在清史。独行传及国立各级学校教科书，又散见于当代文豪之撰著集录，近则学童唱歌于校，伶人演剧于场，虽妇人孺子，几无不知武训为空前之义人者。其感人之深如此，势必使其遗徽余泽，丕显于全国，以完成普及之盛业，方符乎崇贤乐善之旨。兹有王君丕显者，清季附贡、民国师范毕业生，当武训方创义塾时，即聘为塾师，其教导训诲之殷，武训极敬礼之。及训殁，而能始终不变其矩矱，廿余载如一日，洵可谓善继武训之志矣。至民国七年，本县征收局局长韩纯一、东临道尹龚积柄及邑绅车震、孙振家、沙明远、孙百福等，咸钦其热心苦操，思欲借是展大此校规模，故于国民级外，增设高等一级，即公同集捐三千余元，以为不如是不足以丕显武训之旧业也。九年复蒙大总统给额捐资，馀如总理、总次长、参众两院，无不乐于捐输。自斯以后，各省诸名流亦皆慨解仁囊，极力襄助。综计十载捐款，约有二万余元之谱。现以此校课程颇优，就学者日益加多，鄙人等拟添中学一级，以育人才，而基金尚微，校舍不敷，因以赓续募捐，俾武训事业，永垂万世而不朽，想大君子必乐为捐资，以襄成义举也。谨启。

发起人：

张自忠　朱培德　薛笃弼　谭延闿　蔡元培　阎锡山　蒋中正　冯玉祥　李宗仁　孙良诚　石敬亭　梁启超　李石曾　丁惟汾　肖一山　张维玺　何思源　宋哲元　张之江　麓钟麟　王正廷　王朝俊　魏宗晋　于思波　孙德培　宋美龄　邓哲熙　杨其祥　李朴勤　简照南　李德全　韩纯一　聂澄泽　李庆施　沙明远　杜光埙　陈经删　夏继泉　胡连三　车震　陈衡哲　傅斯年　潘云龙　孙鉴藻　孙百福　孙振家　张敬承　姬篆藩　孙宝贤　朱辅辰　简玉阶　李苦禅　何香凝　王兰英　陈秀英　马敬夫　李之纲　颜景岳　崔肇祺　李泗亭　于德和　张元亨　施登魁　张致和　陆恺　黑守知　黄宗宪　田继光　栾玉藻　陈宏绪

据《临清武训学校募捐公启》石印传单。抄自《蔡元培全集》第五卷

武训先生小传

先生姓武名训字蒙正,武家庄农家子也,生于一八三八年十二月五日。先生事母以孝闻,年二十立志兴学,褴衣恶食,志行坚苦。一布囊、一铜釜,三十年行乞如一日。终身不娶,惨淡经营,为人作牛马,若推磨、砘田、出粪、铡草诸苦工无不乐为之。暇则信口歌唱、作态献丑,冀博人欢心以得报酬,然一文钱不曾费,积资成串,恳绅耆代权子母。创建堂邑、馆陶、临清义学三处,置学田五百余亩。一八九六年六月五日(应为四日),以积劳感疾,卒于临清义学,葬于柳林东壁外,盖享年五十九岁。

选自1946年武训师范课本《武师国语文选》第一集

武训先生九十七周年纪念

张自忠

清季以兴学诏海内,大夫民庶有独力捐资润色庠序者,分别给奖,以资倡导。由光宣以迄今日,求之千百人中,其能慷慨解囊,成嘉惠士林之举,曾不数数觏焉。间有富绅巨贾出其所余,补助教育,则不过土壤细流之末焉!已尔甚矣,舍己利人之难能可贵也。

吾鲁堂邑武训先生,乞人也。自以幼年失学引为恨事,遂日夜兴学是图。欲创修义塾,无所援借,乃昼行乞,夜绩麻,得一钱则积之,累积数千缗,储于富室,恳其滋息。富室或不愿者,长跪求其允诺。奔走艰辛,三十年如一日,卒成其志。设义塾数处,而吾邑武训学校则自民国十七年成立。先生卒后,继起有人,经营扩展,方兴未艾,是先生衣冠已渺,而精神永存。以乞人寿世久远者,应以先生为最。呜呼!巍巍素封之门,金帛珠玉锦绣,求无弗得;楼阁宅第田园,设无弗备。取锱铢而用泥沙,独不肯推其绪余，以为造就寒士、培养人才之计。以视武义学正行乞兴学之举，其贤愚固不可同日语矣！

清季鲁抚大中丞张公曜、袁公树勋，先后为武训先生奏请建坊立传。其事详于国史，兹不复赘。本年（十二）月（五）日为先生九十七周年纪念，余钦慕其义行苦节，因缀数语以为之序。

中华民国二十三年十月九日邑人张自忠叙于军次
载《武训先生九七诞辰纪念册》

武训兴学论赞

王向荣

天下无不成之事，无不可成事之人，事之成否，视其行事之毅力以为衡。堂邑武训，乞人也。自恨贫而失学，见欺于人，遂矢志兴学，以惠后进，行乞积钱而义塾乃成。夫乞人赤贫者也，兴学非易事也，以赤贫之人成极难之事，孔子所谓"勉强而行之，及其成功，一也"。世有鄙弃学识，或因难而中止者乎，庄子有言："哀莫大于心死。"是即所谓心死者也！迄今武氏往矣，莘莘学子，弦歌不辍。事以人传，人以事传，兹届武氏九十七岁诞辰，因赞之曰：

繁维武公，毕生艰辛。失学自恨，厥病惟贫。

沿门托钵，行乞风尘。矢志兴学，启迪后人。

忽忽流光，九七诞辰。缅怀遗范，其谁与伦。

注：此诗选自《武训先生九七诞辰纪念册》。作者王向荣（1891—1941），字晓航。河北滦县人。毕业于永平中学，初任冯玉祥第十六混成旅骑兵营军需长，后任韩复榘西北军东路军总司令部军需处处长，1929年7月任河南省政府委员兼财政厅厅长，1930年9月至1941年任山东省政府委员、财政厅厅长，兼任山东省民生银行董事长。

武训先生兴学赞词

徐子尚

捐资兴学，无力者难。矧出于丐，孰信其然。
武义学正，穷且益坚。兴学是务，如痴如癫。
山亦可移，海亦能填。匹夫有志，人定胜天。
迨其晚年，积贮万千。经营广厦，为庇寒毡。
师怠于教，长跪其前。生怠于学，温语缠绵。
子文卜式，史氏称贤。例以公事，蹑乎后焉。

注：此诗选自《武训先生九七诞辰纪念册》。作者徐子尚，字镜澄，湖北恩施人，民国21年（1932年）任临清县县长。主修《临清县志》。

武训先生颂

田继光

伟哉奇士，载诞卫滨。具大智慧，非煦煦仁。
乞食兴学，发愤忘身。艰苦卓绝，道路风尘。
五十余载，大志竟伸。宏门广厦，嘉惠群伦。
文化蔚起，刮垢革新。箪瓢事业，械朴经纶。
行迈往古，道济来今。人间麟凤，天上星辰。
精神不朽，万稷千春。嗟兹叔季，举世滑沦。
幸借宝筏，普渡迷津。墨翟而后，仅见斯人。

注：此诗选自《武训先生九七诞辰纪念册》。作者田继光，字芹臣，山东临清人。曾任临清私立武训小学高级教员，临清县立第一小学校长。

至今人犹说武训

——武训先生九十七周年诞辰纪念

王贵笙

名利杀人剧白刃,多少贤豪遭危困。

独辟千古未有奇,至今人犹说武训。

公奇在兴学,学者仰山斗。

区区一乞人,功德能不朽。

诗歌传记已纷纷,征文何复及下走。

走走年少时,曾识武公貌。

松亭画公像,颇与公相肖。

即今又值公诞辰,临风想望倍怆神。

创业守成两不易,精诚所至无荆榛。

古来贤达一抔土,六经之道委埃尘。

仲尼栖栖方税驾,诗礼发冢已有人。

俎豆馨香皆刍狗,不如返朴还其淳。

爱公幸勿失其真,前途大业方艰辛。

注:此诗选自《武训先生九七诞辰纪念册》。作者王贵笙(1876—1960),字晋庭,临清人,教育家、书法家,曾任山东省文史馆馆员,主编临清、清平县志。

武训先生九十七周年诞辰纪念题词

沈鸿烈

悬溜穿石，覆箦成山。士苟有志，曷虑艰难？
矫矫先生，取人为善。吁彼一勺，积资万贯。
锐志兴学，乐育群英。胼胝辛苦，卒观厥成。
接踵得贤，守而勿替。益拓宏规，誉髦斯士。
溯公冥诞，将届颐龄。沐公教泽，千载犹馨。
揩挂明堂，以培杞梓。敢告邦人，闻风兴起！

注：此诗选自《武训先生九七诞辰纪念册》。作者沈鸿烈（1882—1969），湖北天门人。早年留学日本海军学校，加入中国同盟会，参加了辛亥革命。后任南京临时政府军事处参谋、陆军大学海军教官、东北海防舰队司令、山东省政府主席、国民政府农林部部长、浙江省政府主席、考试院铨叙部部长等。1949年赴台湾。1969年在台湾病逝。

中外名人论武训先生

教育楷模。

——孙中山

现代的圣人。

——李公朴

普及教育之先导，私人兴学之表率。

——陶行知

武训一至微极贱之匹夫耳，一念专诚，遂在中国自造出极伟大、极光明之世界。论其仁，则大仁；论其智，则大智；论其廉，则大廉；论其勇，则大勇；论其信，则大信。种种美德，皆其一念专诚造之。

——张謇

武训先生终身行乞兴学，是我们教育史上一位奇特伟大的大人物。

——冯玉祥

我买了一本有趣的小书叫作《武训》的，这是讲山东义丐武训一生事迹的书。他用他那特殊而超越的才干为穷苦的儿童兴办了三个义学。

——[加拿大]文幼章

武训曾以个人行乞所得，在堂邑、馆陶、临清等地建立义学三所解决平民教育，平民因此感激武训，誉之为"现代孔子"。我们的能力地位远过武训者甚多，倘若人人都能学他行乞兴学的精神，殆不止建立一所两所平民学校。倘使都这样来，平民教育问题也就解决了。

——田汉

我震惊于他的伟大与特异，同时感觉自己的渺小与庸凡。

——刘半农

我们试分析武训先生的精神，可见他不仅是一个教育家，而且是宗教家、社会主义者和哲学家。

——舒新城

破钵百衲度春秋，心铁情痴为众谋。

——臧克家

千古奇人，高山仰止。

——季羡林

为民兴学，高风传诵。

——孙起孟

匹夫而为百世师。

——于右任

普教先知。

——王学仲

托钵十方惊聩聋，钵里穷乡育学童。昏砂怪石黄风后，扫却劫灰铸紫铜。

——端木蕻良

行兼孔墨。

——张学良

风兴百世。

——杨虎城

武训是中国封建社会末期的一位教育实践家，在历史上也有他的进步作用。

——阳翰笙

赞赤贫兴学传万代，颂残羹育才奠千秋。

——胡洁青

所以应研究一门新学问，叫"教育筹资学"，尊武训为学术带头人。

——王梓坤

武训先生是享誉海内外的贫民教育家，他以持之以恒、百折不回的精神，行乞三十多年，先后创办了三处义学，在中国近代教育史上谱写了辉煌的篇章，为后世留下了独特、卓越的武训精神。武训先生不愧是义务教育的先导、私人办学的表率、尊师重教的楷模、博爱慈善事业的践行者。随着时代的发展，他奇特的壮举、无私奉献的精神，越来越受到人民的关注，越来越得到世人的推崇。

——王军民

生前多历苦，天德有眼终垂青史；身后久蒙难，地灵无情方识好人。

——李燕

心同日月，行比江河，岂因巨谤泯前哲；身历沧桑，名垂今古，依旧丰碑照后人。

——陈炳熙

中国社会上圣人多的是。圣人外流，跑到海外去，一个跑到台湾，就是吴凤。一个跑到美国，就是丁龙。在祖国，山东武训，不也是个圣贤吗？至少也是个豪杰之士。他讨饭，碰到人跪下，请你帮助，要去办学校。

——钱穆

敬告读者

本书撰写过程中参考了一些资料,在此表示感谢。如有需要请您与本书作者联系。